新时期高校体育教学的改革与发展研究

徐小仙 曲振琳 崔彩◎著

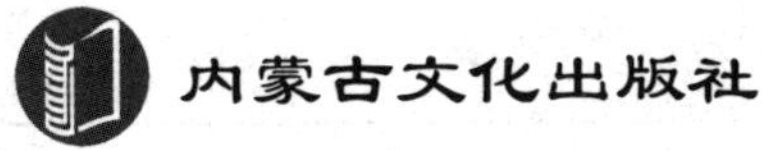
内蒙古文化出版社

图书在版编目（CIP）数据

新时期高校体育教学的改革与发展研究 / 徐小仙，曲振琳，崔彩著. -- 呼伦贝尔：内蒙古文化出版社，2024.2

ISBN 978-7-5521-2415-6

Ⅰ. ①新… Ⅱ. ①徐… ②曲… ③崔… Ⅲ. ①体育教学一教学研究一高等学校 Ⅳ. ①G807.4

中国国家版本馆 CIP 数据核字（2024）第044248号

新时期高校体育教学的改革与发展研究

徐小仙　曲振琳　崔　彩　著

责任编辑　黑　虎

装帧设计　北京万瑞铭图文化传媒有限公司

出版发行　内蒙古文化出版社

地　　址　呼伦贝尔市海拉尔区河东新春街 4 付 3 号

直销热线　0470-8241422　　**邮编**　021008

印刷装订　天津旭丰源印刷有限公司

开　　本　787mm×1092mm　1/16

印　　张　13.5

字　　数　210千

版　　次　2024 年 10月第 1 版

印　　次　2024 年 10月第 1 次印刷

标准书号　978-7-5521-2415-6

定　　价　78.00 元

前言

体育教学历史悠久，古已有之。随着人类社会的发展，体育教学经历了一个不断充实、完善的过程。在其发展的过程中，现代体育教学逐渐发展成科学的教学、全面的教学，培养德、智、体、美、劳全面发展人才的教学。如今体育教学越来越受到人们的重视，在社会中发挥着越来越重要的作用。体育教学是我国高校开展学校教育工作的重点内容，深入发展高校体育教学是实现中国体育强国梦、中华民族伟大复兴的重要内容。以新时代为背景对高校体育教学进行理论探索与实务研究，无论对高校体育教学活动的开展来说，还是对我国体育事业的发展来说，都具有十分重要的意义。

高校体育教学是我国高校教育的重要组成部分，在促进我国体育和教育事业发展、促进大学生健康全面发展等方面发挥着重要作用。在“健康第一”“终身体育”等新的教学理念指导下，在“体育强国”“全民健身”的体育梦想的促进下，高校体育面向最广大的受教育群体，肩负着促进大学生群体身心健康发展和社会性发展的重要责任。当前，面向新思想、新形势、新学生群体的体育教学，必须坚持改革与创新，才能更加科学地实现体育教育的多元教育功能，才能培养出适应现代社会发展的高素质人才。

本书是一本关于新时期高校体育教学的改革与发展方面研究的书籍。全书首先对体育教学的基础理论进行简要概述，介绍了现代体育教学的研究基础、内容、目标、原则等；然后对新时期高校体育教学的改革与发展的相关问题进行梳理和分析，包括高校体育教学方法、手段、评价的发展，多维度视域下的高校体育教学策略，新时期高校体育教学与体育文化的融合，现代信息技术下高校体育教学的改革等多个方面。本书论述严谨，结构合理，条理清晰，其能为新时期高校体育教学改革与发展相关理论的深入研究提供借鉴。在写作过程中，由于水平有限，书中难免存在很多不足之处，恳请各位专家和读者能够提出宝贵意见，以便进一步改正，使之更加完善。

目　录

第一章 体育教学研究基础

第一节 体育教学研究概述

没有研究就没有创新，没有创新就没有体育教育事业更好的发展。体育教学研究是提高体育教学质量、完善体育教学方法和策略的主要手段。放弃对体育教学的研究，体育教学将失去不断进步的动力和条件，体育教学也终将失去意义和生命力。

一、体育教学研究的概念

体育教学研究，即借助科学的研究方法、研究手段，针对体育教学的现状和存在的问题，不断地完善体育教学的方法和手段，从而提高教学质量，借此向更多的体育爱好者和研究者揭示体育教学现象的本质及一般规律而开展的一项具有研究意义的工作。

体育教学研究的根本目的是提高体育教学质量，不断地完善当今体育教学的理论知识。从对当前学校教育中体育教学的调查和研究来看，受应试教育的影响，很多学校忽视了体育教学的重要性，没有健全的体育教学理论知识，对体育教学的认识不足。随着素质教育的全面实施，各学校都应该加强对体育教学的研究，不断地完善体育教学的理论知识和提高体育教学质量，从而提高学生的身体健康水平。

提高体育教学质量的根本途径是解决体育教学实践中出现的一系列问题，因此，可以将体育教学研究的对象定义为体育教学实践中存在的影响体育教学质量的问题，而不是体育教学中的一些理论问题。这主要是因为体育教学是以教学实践为主，体育教学中的理论知识只是实践教学的辅助，而体育教学实践是体育教学的最终表现形式。因此，要想不断地提高体育教学的质量，体育教学研究者应该对体育教学实践进行调研，从中找出存在的问题，然后根据这些问题对体育教学进行针对性的研究。

体育教学研究是一项较为特殊的研究，其研究的对象是“体育教学实践中存在的影响体育教学质量的问题”。因此，体育教学研究方法的选择也应该从体育教学的实际和体育教学的本质出发，采用科学研究和教育实践研究相结合的方法，即从科学的角度分析体育教学实践中阻碍教育质量提高的主要原因，然后将这些分析结果以及分析的过程借助体育教学实践进行研究验证，这样才能联系实际解决体育教学中存在的问题，不断提高体育教学的质量。

体育教学研究的主要内容是体育教学现象的本质及体育教学中存在的规律。体育教学是学生学习生涯中必不可少的一个环节，是学校对学生进行身体健康教育，从而使学生陶冶情操、放松身心的主要方式。随着国家对青少年健康教育重视程度的不断提高，对学生进行健康教育是每一个学校必备的课程。对体育教学的研究者而言，只有清楚体育教学现象的本质，了解体育教学中存在的规律，才能将体育教学质量的提高落到实处。

二、体育教学研究的意义

通过对众多学校的学生和教师进行调查可知，目前有很多的学生和教师认为体育教学是一个没有任何实质意义的学科。但是从培养学生的角度来看，体育教育是不容忽视的，在体育课上，教师可以采用形式多样的教学方式，借助各种有利于学生成长的体育活动，加强学生的身体锻炼，在活动中潜移默化地培养学生的心理素质、团队意识、沟通交际能力等，这有利于学生的身心成长和发展。笔者对高校体育教学进行多年研究，将体育教学研究的意义总结如下。

（一）体育教学研究可以促进体育教学理论的发展

体育教育正式进入我国教育行业成为一门独立学科的时间还比较短，较其他学科而言，体育教育无论是在教学理论还是在教学实践方面，都有待进一步的研究和发展。在当今体育教学的发展过程中，人们对体育教学的研究主要是进行一些运动、锻炼等活动。但是体育作为一门独立的学科，与运动、锻炼等活动在目的、内容、性质、意义等方面都存在很大的差别。因此，我国之前在体育教学过程中使用的理论和实施的方式与方法并不能真正满足当前社会对体育教学的根本要求。因此，为了更好地保证体育教学的实施，提升体育教学质量，我们应该从当前体育教学的实际情况出发，从体育教学的特殊性出发，结合学生成长的特点对体育教学进行深入的研究和分析，制定出一套符合体育教学的理论和方法，降低体育教师进行体育教学时的盲目性，让其更好地为体育教学服务。

（二）体育教学研究有利于体育教学的改革和发展

近年来，改革成为我国教育事业所面临的一个重要课题，在教育改革政策和方针的约束和指引下，各个学段、各个学科的教学改革正在紧张地进行，体育教学改革也如火如荼地进行着。但是，我国体育教学的改革一直面临以下几个方面的问题：第一，目前关于体育教学的理论研究不充分，因此，无法把握体育教学改革的方向；第二，缺乏对体育教学方法的研究，无法寻找有利于提高体育教学质量的教学手段和方法，无法保证体育教学改革的进一步实施；第三，缺乏对当前情况下的体育教学改革过程中涉及的新理论和教学方法的可行性分析，无法衡量体育教学改革政策的适合与否。以上三个问题均严重制约了我国体育教学和教学课程改革的提高和发展。因此，科学的体育教学研究有利于正确地把握我国体育教学事业的发展方向，有利于科学的体育教学方法的发现和实施，有利于可行性体育教学模式的发掘。因此，体育教学研究有利于我国体育教学的改革和发展。

（三）体育教学研究有助于体育教师能力的提高

随着社会的发展进步，信息更新速度的不断加快，教学质量也在进一步提高，社会对教师的教学能力和知识储备的要求也在不断提高，因此，教学与研究互相渗透已经成为提高教学质量、完善教师自身素质的必经之路。体育教学研究能够直接提高体育教师的教学能力，可从以下几个方面进行分析：第一，能够提高体育教师的教学设计能力。体育教师在研究体育教学的过程中，会增强“问题意识”，从而更加清晰明了地拓宽体育教学设计的思路，完善体育教学的方法。第二，能够不断地激发体育教师的创造性。体育教师在进行体育教学研究的时候，其所接触到的体育教学方面的知识也更加直观、全面，认识到的教学实践也更加客观和深入。第三，能够帮助体育教师获得更多的新知识，不断地拓宽其知识面。第四，能够促进教师之间的交流和合作，更好地促进体育教学知识和教学实践经验的增长。因此，体育教学研究有助于体育教师教学能力的提高。

三、体育教学层次的研究

从当前体育教学的特点以及体育教学研究的成果来看，体育教学研究并不是单一的研究层次。按照体育教学研究的内容不同进行层次的划分，不仅有利于教学研究的有效进行，而且有利于开展全面、深入的研究。

（一）描述现象层次的研究

描述现象层次的研究虽然是体育教学研究中最基础的工作，但也是最重要的工作。目前，我国体育教学事业较国外发达国家有着明显的差距，体育教学研究者只有清楚这些差距，并找出导致这些差距的根本原因，才能有针对性地进行教学的改革，使教学研究具有现实针对性。但是，目前我国体育教学对许多教育事实和现象认识不足，其主要原因是我国体育教学研究者缺乏对体育教学现状细致而准确的描述。因此，在进行这一层次的研究时，首先应该保证研究的客观、准确、全面性，这样才能获取体育教学各个层次的可靠信息，才能为体育教学的继续研究提供充足的信息。

（二）对描述现象进行解释和归因层次的研究

所谓对描述现象进行解释和归因层次的研究，其实就是在描述现象层次研究的基础上，对所描述的现象结合体育教学的特点进行认真的综合分析，研究出阻碍体育教学质量提高的原因。解释的主要意义在于帮助人们理解体育教学现象之间存在的联系，归因的主要任务就是阐述这种现象发生的实际原因。这一研究属于体育教学研究的中级层次。但是，目前我国很多体育教学研究者对这一现象的研究不深入、不全面，这主要是因为在进行这一层次的研究时，对产生现象的分析角度不够全面、深入，分析问题的方法不科学。对于体育教学研究而言，要想不断地提高体育教学质量，就应该对目前体育教学中存在的现象进行正确、深刻的分析和归纳，这样才能正确地揭示体育教学中一些阻碍教学实施的现象，从中得到正确的因果关系。

（三）实证层次的研究

通过对体育教学研究层次中的第二层次的研究，可以清楚地把握目前体育教学现象的因果关系，因此，实证层次的研究实际上就是对第二层次所获得的因果关系进行实证研究，其主要目的就是验证第二层次中所研究的因果关系能否在真实的体育教学环境中发生。因此，实证层次的研究是体育教学研究中的中心环节，这个环节可以获得最可信的研究结果。实证层次研究的主要方法是实验法，通过实验让假设的命题在一次次的实验中获得永恒的规律。但是由于体育教学研究面临很多不确定的因素，具有很强的社会性，在研究的过程中不可能像一般的实验研究那样拥有很多的可控制因素，因此，在进行实证研究的过程中，应该精心地进行命题的假设和推理，全面地设计实验，在对实验结果进行仔细分析的基础上，对实验所得出的结论进行恰当的总结和分析。

（四）理论和外推层次的研究

我国体育教学研究之所以未能得到更大的发展，一方面是因为我国对体育教学研究的关注度不高，另一方面是因为从事体育教学研究的人员没有对研究所得的体育教学规律做出概括性的总结，也没有将这一理论进行及时的推广并应用到体育实践教学之中。对于体育教学研究而言，在对所研究的体育教学规律进行实证之后，就应该将其概括总结为理论知识，因此，理论研究的主要目的就是说明体育实证层次研究中所得到的因果关系或体育教学规律的发生条件和原则。再加上目前我国体育教学中缺乏理论方面的创新，因此，这一环节对于体育教学质量的提高很重要。外推的本质意义就是将所得的理论知识应用于实践教学之中，所以在进行理论和外推层次的研究中，最重要的两点就是对理论知识进行高度概括，并找出合适的外推手段。

四、体育教学研究的特点

众所周知，体育教学与其他学科的教学有着很大的区别，因此，体育教学研究也不等同于其他学科的科学研究和教育理论研究。根据体育教学的特点可知，体育教学研究的主要特点是学理性、实践性和复杂性。

（一）体育教学研究的学理性

体育教学本身就是以传递体育教学相关的知识和技能为过程的教学，所以其方方面面都是围绕着教与学进行的，无论是教师教授的过程还是学生接受学习的过程，都必须遵守教学的规律。因此，对体育教学的研究，也应该和其他学科的教学研究一样，归根到底都是学理性的研究。如果体育教学不具有这一特点，那么教学就无法科学、有效地进行。

（二）体育教学研究的实践性

体育教学的很多理论知识都是在实践的基础上产生的，并且在实践中得到验证，这使得教学理论能够在不断的实践中得到检验、修正、丰富和发展。因此，教学研究也应该围绕着教学实践进行，这样才能使体育教学研究成为真正有意义的研究。换言之，如果体育教学研究脱离了教学实践，那么将失去研究的意义。

（三）体育教学研究的复杂性

体育教学活动是由多种因素和变量组成的，但是这些变量之间并不是孤立存在的，每一个变量都是与其他的变量相互约束、相互制约的。开展教学研究的根本目的，就是将这些变量之间相互作用的复杂关系展现出来。笔者通过对体育教学的研究，提出体育教学变量主要由三类变量组成：一是环境变量，主要表现在课堂环境和状态对学习效果的影响；二是过程变量，是指师生的课堂行为、知识特点等对学习成果的影响；三是结果变量，是指教师所期望的以及教师拟订教学活动计划所依据的、可用有效的教学目标和标准衡量的教育成果。

第二节 体育教学和体育教学研究的目的

一、体育教学中存在的问题

从目前我国体育教学的发展情况来看，体育教学中仍然存在很多亟待解决的问题，这些问题一方面严重制约了体育教学实践的进步和发展，另一方面降低了学生对体育教学的参与热情。体育教学中存在的问题主要表现在以下几个方面。

（一）体育教学理论研究不充分

受素质教育实施的影响，为了全方面培养新世纪所需要的人才，我国对体育教学的重视程度越来越高，但是受传统教学观念的影响，体育教学虽然一直贯穿学校教育的始终，但是并未受到足够的重视。这也直接导致了我国体育教学中存在教学理论研究不充分的问题。对于体育教学而言，教学理论研究不充分，一方面导致体育教学没有统一的教学标准，体育教师在对学生进行体育实践教学的时候，没有充分的理论指导；另一方面，由于缺乏充分的教学理论研究，体育教师缺少提升自身专业知识和教学技能的支持，无法不断地充实自己的专业知识储备，严重制约了知识技能的完善。

（二）缺乏学理研究和方法研究

体育教学研究不同于真正意义上的科学研究，也不同于单纯的教育理论的研究。由于体育教学具有复杂性和实践性等特点，因此，在体育教学研究过程中要注重对其中涉及的一些变量进行研究，以保证体育教学更加符合教学实际和学生的成长特点。由于体育教学中缺乏对教学方法的研究和学理研究，因此体育教师对教学过程中遇到的一些突发事件往往处理不当。这样的体育教学不仅不利于学生的健康成长，不利于社会教学目标的实现，同时还严重削弱了学生的参与性，不利于体育教学的持续发展。

（三）简单照搬其他理论，缺乏可行性分析

体育教学与其他学科教学最大的区别是，体育教学更加注重教学的实践性。不同国家、不同学年段的学生所需要进行的体育教学的内容和方法有所不同。我国在对学生进行体育教学的时候，照搬其他国家或是学校的理论，但并未对这些理论进行可行性研究和分析，没有对借鉴的外来理论知识和方法技巧根据实际情况进行筛选整合，没有根据实际情况验证教学方法的可行性，因此，最终导致我国在体育教学这条路上与社会的要求渐行渐远，严重影响了我国体育教学课程与教学改革的深入和发展。

二、体育教学的目的

众所周知，体育教学是学校教育的重要组成部分，而学校所开展的体育教学又是体育终身教学的前提和基础，是培养广大青年健康体魄的重要课程，因此，体育教学质量的高低直接影响着国家和民族的生命力旺盛与否；不仅如此，体育教学质量也是社会文明进步的衡量标志。作为一名体育教师，必须明确体育教学的目的，强化学生对体育教学重要性的认识，培养学生参加体育教学的积极性。我国开展体育教学有以下几个方面的目的。

（一）提高青少年的体能综合素质

改革开放以来，我国的体育教学工作得到了蓬勃的发展，青少年的身体素质和生长发育状况也在不断改善。但是，也必须注意到，受传统应试教育的影响，目前我国很多学校存在重智育、轻体育的现象，这既加大了学生的学业负担，同时也极大地剥夺了学生休息和体育锻炼的时间，进而导致我国青少年的体质状况不容乐观，出现肺活量降低、肥胖、近视、意志力薄弱等诸多问题。因此，我国应该积极开展体育教学，以提高青少年的体能以及综合素质。

（二）提高学生对体育锻炼重要性的认识

学生在进行体育锻炼的过程中，能够不断地提高自身的综合素质，从体育教学中获取社会对青少年的要求，也在体育教学中获得基本的交际能力，不断地提升自己的社会认同感，从而理解并认识到体育教学在青少年教育中的重要性。这样学生才能积极地学习体育知识，主动参与到体育活动中去，这对于我国体育教学的深入和发展都起到很好的推动作用。与此同时，青少年提高对体育教学重要性的认识，能够激发体育锻炼的主观能动性，激发健康向上的活力，提高整个国家和民族的生命力，推动我国体育教育事业的不断进步。

三、体育教学对体育教师的要求

体育教师是体育教学活动的组织者和指挥者，是体育教学活动的主体，体育教师能力和水平的高低直接关系到体育教学质量的好坏。因此，要想不断提高我国体育教学的质量，首先应该提高我国体育教师的知识水平和能力。经过对体育教学活动的调查和研究可知，体育教学对教师有以下几个方面的要求。

（一）具有丰富的体育教学知识和较高的教学水平

学生是教学活动的客体，在教学活动中承担着接受者的角色，所以，体育教师的专业知识和教学水平直接影响着学生的学习效果，影响着教学的质量。为了不断提高我国体育教学的质量，积极响应新课改的要求，体育教师必须具有丰富的专业理论知识和较强的教学活动组织和策划能力，这样才能从根本上优化体育教学活动。

（二）能够充分调动学生的学习积极性

体育教学是一门充满活力和创造性的学科，具有很高的灵活性和趣味性，能够帮助学生在体育锻炼中获得一些必需的知识和技能。虽然体育教学相对于其他学科教学而言具有更多的趣味性，但是很多青少年并不愿意参加体育活动，这主要是因为体育教师在教学过程中没有重视对学生的引导，没有根据学生的特点和爱好充分调动学生的积极性。作为一名体育教师，首先应该具备对教学方法的选择能力，根据学生的兴趣特点，策划一些有意义的体育活动，逐渐激发学生对体育运动和学习的兴趣。

四、体育教学研究的目的

根据以上对体育教学中存在的问题、开展体育教学的目的以及当前体育教学对教师的要求可知，我国体育教学正处于积极探索、不断寻求进步的阶段，这也是我国体育教学活动落后的表现。出现这种情况的主要原因在于，我国缺乏对体育教学的深入研究，没有制定出一套适合我国国情和学生特点的体育教学理论和方法，因此，开展体育教学研究成为提高我国体育教学质量的唯一出路。体育教学研究的目的主要表现在以下几个方面。

（一）提高我国体育教学理论水平

虽然体育教学在我国已经有一百多年的历史，但是相对于其他学科而言，其起步的时间较晚，再加上受到传统教育观念的影响，许多学校忽略体育教学，导致我国体育教学在理论知识上存在很大的不足。我国的体育教学理论一方面是沿袭传统的体育教学理论，另一方面来自对其他国家的有关体育教学理论的借鉴。但是，随着时代的发展，沿袭而来的体育教学理论已经不适应现在对学生的体育教学要求；由于所适用的学生群体不同，借鉴其他国家的体育理论与实际教学存在很大的矛盾。开展体育教学研究，能够在充分了解当前体育教学的不足的基础上，对当前体育教学中存在的问题和不足进行深入的分析和研究，找出传统体育教学理论需要补充和修改的理论内容。再根据我国青少年成长的特点，将由国外借鉴而来的体育教学理论与传统体育教学理论进行科学的融合，这样才能完善我国的体育教学理论，提高我国体育教学理论水平。

（二）对体育教学进行改革

随着素质教育的不断推行，各类学科都在根据社会的需求进行教学改革，体育教学改革也受到了更多的关注，但是体育教学改革一直面临着理论研究不充分的问题。因此体育教学无法探明改革的方向，也无法把握改革的方法和手段，即使在借鉴外国的改革经验进行改革的时候，也缺乏对中国体育实际教学的可行性研究。由于对体育教学的研究不足，因此体育教学改革无法为体育教学活动带去更多的有利因素，也无法提高体育教学的质量。体育教学研究应结合学生的特点、社会的需求、社会的发展趋势等进行，奠定体育教学的改革方向，不断优化体育教学方法，并运用假设和实验的方法对所获得的新教学方法进行可行性分析和研究，这样，才能针对性地改革体育教学。

（三）提高体育教师能力

随着社会的不断进步，任何学科对教师的能力要求都在不断提高。从教师的职业发展来看，教师是一个需要终身学习的职业，要随着社会的变化不断更新自己的专业知识和技能。目前，教学与研究相结合成为教师提高自身知识水平和教学能力，提高教学质量的必经之路。对于体育教师而言，他们在对体育教学问题的研究过程中，能够发现和学到更多有关体育教学的知识；在不断发现问题和解决问题的过程中，获得有关体育教学的新知识，对体育教学实践的认识也更加全面、深入、客观；在不断研究过程中，还能对所研究的问题进行总结，从而激发其在体育教学方面的创造性。同时体育教学研究能够促进体育教师之间的交流和互动，从而提升体育教师团队的整体水平。

（四）规范体育教学流程

体育教学研究，实际上就是对体育教学过程中涉及的各种教学因素以及教学规律所进行的研究。任何一种教学都是从初步走向成熟，从适应走向规范，再加上体育教学本身相对于其他学科的教学活动而言，具有很多不确定的因素，教学过程难免会受到不确定因素的影响，最终导致教学过程的失败。教学实践和教学过程的规范实际上是相辅相成的关系，教学流程在教学过程中起到指导性的作用，同时教学过程也在实际的进行中影响着教学流程，使其不断完善和规范。开展体育教学研究的根本目的之一，就是通过对教学过程的监督和分析，找出教学流程中导致教学效果不理想的原因，然后对其进行改正和优化，不断地规范体育教学流程。

（五）提升我国体育教学研究团队的整体水平

优秀的体育教学研究团队，需要在不断的研究、突破、创新中得到提高，如果一个团队缺少对本职业的研究队伍，那么不仅这一团队的整体水平会下降，同时也会失去竞争力。现在，各国之间的教育、经济等都趋于透明的状态，即使是同一个地区或是同一学校的体育教学之间也存在竞争的关系，在这种市场竞争逐渐激烈的环境中，如何不断地突破自己，提升整个团队的科研水平，提升体育教学研究者的专业能力，这不仅是每一位体育教学工作者应该面对的问题，也是市场竞争的必然趋势。体育教育工作者在体育教学研究过程中，可以不断提升自己的专业知识，优化自己的专业技能，同时增强自己在体育教学方面的能力，从而提高我国体育教学研究团队的整体水平，提升我国的体育教学质量。

通过上述对体育教学目的及其研究目的的介绍，我们可以看出，随着体育教学地位的逐渐提高，教学研究已经成为当前体育教学过程中的新课题，也是体育教学工作者必须面对和探讨的课题。无论处在何种地位的体育教学工作者，都应该积极地参与到体育教学研究的工作中去，不断地发现体育教学过程中的问题，创新自己的思路，以保证体育教学质量的不断提高。

第三节 体育教学研究的条件

一、对教学主体的了解和掌握

学生是体育教学的参与者，也是教学任务的接受者，没有学生，体育教学就失去了意义，因此在对教学进行研究的过程中，必不可少的条件之一就是了解学生。但是，在体育教学研究过程中，除了学生这一学习主体之外，教师也起到非常重要的作用，因此，除了要充分了解学生外，还要了解体育教师在教学过程中存在的不足之处以及需要改善的地方，为体育教学研究提供研究基础和材料。

对学生和体育教师的了解和分析是体育教学研究的对象之一，也是进行体育教学研究过程中其他方面研究必备的条件。体育教学研究过程中对于教学主体的了解和掌握具体包括以下几个方面。

（一）各个年龄阶段学生的身体发展状况

体育教学同其他学科的教学一样，是一种循序渐进的过程，具有阶段性。因此，在进行体育教学和研究的过程中，首先应该清楚各个阶段学生的身体和心理发展状况，这样有助于体育教学研究者制定针对性的研究计划和体育教学改革策略。

（二）学生对体育课的兴趣

对任何一门学科而言，兴趣绝对是提高这门学科教学质量的催化剂。调查学生对体育课的兴趣也是体育教学研究的关键一环，这样能从学生的角度出发，了解学生对体育教学的需求，有助于体育教学研究的不断深入。

（三）体育教师的职业特点和能力结构

了解体育教师的职业特点和能力结构，能够掌握我国体育教学过程中对教师能力以及综合素质的要求，明确现实与要求之间的差距。这样才能明确体育教学研究中教师能力提高的方向，优化教师队伍。

（四）体育教师所具备的基本条件

随着新课改要求的不断深入，体育教学在学校教育中占据越来越重要的地位，也逐渐发挥出其自身的重要作用。体育教学是一项较为复杂的实践性教学，因此要求体育教师必须具备专业的体育教学知识和较高的教学能力等。研究体育教师所应具备的基本条件，有助于明确体育教师能力研究的范围。

二、明确体育教学研究的思想和目标

体育教学研究是一项有意识、有计划、有组织的研究性活动，一切的体育教学类的研究活动都离不开对体育教学价值的判断和思考。明确体育教学研究的思想和目标，从研究意义上说，实际上就是把握体育教学研究的方向，在研究的过程中极力发掘任何有利于体育教学发展的体育教学理论和教育方法。体育教学研究的思想是指导体育教学研究者行动的主要依据，缺少体育教学研究的思想就无法顺利实现体育教学研究的目标。特别是在我国激励倡导教学改革的时期，体育教学受传统教学观念的影响，很难突破传统教学模式和教学方法的局限，在这种格局中，只有明确研究目标、坚定研究思想，才能将体育教学研究的目的落到实处，才能不断提高我国体育教学的质量。要明确体育教学研究的思想和目标，需要清楚如下内容。

（一）体育学科的功能与价值

体育学科的功能和价值是确定体育研究目标的前提条件，也是从事体育研究所必须掌握的条件，两者缺一不可。体育学科的功能与价值明确了体育教学在学校教育中的重要作用，为体育教学研究提供目标的参考和研究方向的借鉴。

（二）体育教学研究的指导思想

体育教学之所以能够上升到一门研究性学科的重要地位，主要是因为我国已经认识到体育教学在学生成长和发展中的重要作用。体育教学研究的指导思想是保证体育教学研究顺利进行的前提条件，因此，只有明确体育教学研究的指导思想，才能保证体育教学研究有条不紊地进行。

（三）体育教学研究的目标

体育教学研究目标是体育教学研究的指导，它为体育教学研究指明了方向，奠定了坚实的基础。只有明确体育教学研究的目标，才能更加清楚体育教学研究的方向，明确体育教学研究的意义，因此，明确体育教学研究的目标是体育教学研究的前提条件之一。

（四）当前体育教学改革的方向

随着素质教育的全面推行，体育教学也被正式纳入新课改的范畴，新课改也因此成为体育教学研究的必经之路。与此同时，在从事体育教学研究的时候，也应该清楚体育教学改革的方向，这也是体育教学研究的方向。因此，明确体育教学改革的方向是开展体育教学研究必备的条件之一。

（五）世界各国体育教学研究的状况

体育教学作为一门学科被正式应用到教学过程之中，最根本的原因就是借鉴国外学校教育的模式。西方很多发达国家在体育教学中取得了突出的成就，但是由于我国体育教学的发展历程比西方发达国家短，因此缺乏很多教学研究的经验。关注世界各国体育教学研究的状况，能为我国的体育教学研究提供更多的方法和内容的借鉴，这对于体育教学研究是有利而无害的。

三、明确体育教学的过程

体育教学是体育教育活动的主要表达形式，体育教学也是保证学生健康成长的主要方法。但是，体育教学与其他学科的教学又有着很大的不同，因此明确体育教学的过程是体育教学研究的重要内容。明确体育教学的过程既是体育教学研究需要掌握的基本理论问题，也是体育教学研究活动顺利进行的前提条件。详细地了解和掌握体育教学的过程，明确体育教学过程中所涉及的一些基本步骤和内容，是正确认识体育教学的本质、特点和教学中所涉及的一系列教学规律的基础。体育教学过程对教育本身而言是教育目标实现的根本途径，而教育研究的根本目的就是提高教学质量，教学质量的提高体现在教育过程中的每一步。因此，体育教学研究者必须明确体育教学的过程，这样才能保证体育教学研究具有教学针对性，起到实现体育教学质量提升的重要作用。

作为体育教学研究的前提条件之一，对体育教学过程的了解和掌握主要包括以下几个方面。

（一）体育教学过程的特点

体育教学过程的特点是体育教学区别于其他教学的明显特征，也是了解体育教学过程所必须掌握的关键因素。体育教学过程是一个特殊的教学过程，也是一个十分强调实践性的教学过程，并且教学过程中会受到很多不确定因素的干扰。因此，对每一位体育教学研究者而言，要十分明确体育教学过程的特点，这样才能帮助他们更清楚地掌握体育教学的过程。

（二）体育教学设计

体育教学的过程实际上就是体育教师对体育教学进行教学设计的过程，体育教学设计要体现不同阶段学生的特点，所设计的教学活动也要有利于学生的成长和发展。因此，体育教学设计是体育教学过程中的重要环节，是体育教学过程不断优化的有力保障。体育教学研究者应该具备体育教学设计的能力，清楚教学设计的功能和作用，这样才能促进体育教学研究的不断深入。

（三）体育教学过程“三段式”

体育教学过程“三段式”是一种新的体育教学形式，也是保证体育教学过程顺利进行、保证体育教学质量的主要形式。“三段式”教学过程是指将体育教学过程分为开始、准备和结束三个部分，体育教学研究中对体育教学过程的研究也要依照这三个部分进行，因此，体育教学研究者应该具备对教学过程中“三段式”的理解和运用能力。

（四）体育教学方法

体育教学方法是体育教学过程的重要组成部分，它是衡量体育教学过程是否有利于学生成长和发展的主要依据。在进行体育教学过程的研究时，应该清楚每一种教学方法，详细地了解每一种教学方法适用的学生群体以及它们的功能和价值，这样才能对教学方法进行可行性研究。

四、了解体育教学的内容

体育教学是通过教师向学生传授体育运动这一技术载体而实现的。对于体育教学而言，体育教学活动的运动技术较为丰富多彩，而且每一种体育教学活动均有其特定的功能和作用。因此，体育教学内容也是体育教学研究的方向之一，同时也是体育教学活动的载体，是体育教学能够顺利进行的保证。对体育教学研究而言，只有充分地了解体育教学的内容，才能更清楚地确定体育教学研究的方向。除此之外，目前我国体育教学的现状不容乐观，教育内容也存在很多不足之处，开展体育教学研究的目的之一就是找出这些不足之处，不断地优化教学内容，弥补体育教学在教学内容上存在的缺陷，从根本上改变体育教学，不断地提高体育教学的质量。因此，了解体育教学的内容是体育教学研究尤为重要的前提条件之一。

体育教学内容包括很多方面，对于体育教学内容的了解主要包括对体育与健康知识的了解、体育运动文化知识研究、体育教学内容的选择依据研究、体育教科书研究、体育教学计划研究等诸多方面。

（一）体育教学内容的逻辑

体育教学内容较为复杂，这就需要体育教学工作者厘清各教学内容之间的特点和关系，这样才能明确各内容之间的逻辑，便于研究过程中的分类与整合，保证教学研究正常进行。

（二）体育教学内容的选择标准和程序

体育教学内容的选择标准和程序，是体育教学研究中必须明确的问题之一，是进行体育教学内容研究和教学过程研究的前提。如果体育教学内容的选择标准和程序不明确，那么就无法保证体育教学研究的科学性。

（三）对民族传统体育活动的了解

体育来源于生活，每一个地区的传统运动项目都有其背景和意义，但是随着社会的不断发展，一些具有地方特色的传统运动项目逐渐走向消亡。为了培养学生对地域传统运动项目的继承和发扬，保证该地区的体育教学项目能够凸显地域特色，新课标强调体育教学必须具有当地民族传统特色，这是体育教学研究的任务之一。

五、考量体育教学条件

体育教学具有很强的实践性，因此体育教学离不开良好物质条件的支持，同时对教学环境也有很高的要求，否则就不可能有高质量的体育教学。

在进行体育教学研究的过程中，研究者需要对教学条件进行充分的考量，主要包括掌握教学场地和器材的现状，清楚体育教学中所需场地和器材的标准，掌握新型运动器材和运动器具的用法和作用等，只有这样，才能保证体育教学研究过程的全面性和科学性。

（一）掌握教学场地和器材的现状

体育教学研究也是对体育教学过程的研究，其根本目的就是不断优化体育教学过程，提高体育教学质量。因此，在对体育教学进行研究的时候，首先要对体育教学的场地和器材现状进行调查，以便更好地掌握体育教学的动态，从而对体育教学开展更为细致的研究。

（二）清楚体育教学中所需场地和器材的标准

每一个阶段的体育教学，其对场地和器材都有着不同的要求，这是保证体育教学过程正常进行的基础。在体育教学研究过程中，应该清楚体育教学场地和器材的标准，以便研究者根据此标准进行合理的研究，在研究中保证对教学场地和器材的进一步优化。

（三）掌握新型运动器材和运动器具的用法和作用

随着科学技术的不断发展，新型运动器材和运动器具的用法和作用逐渐成为体育教学研究中的重要内容之一，这也是体育教学研究的条件之一。每一种运动器材和运动器具相对应的教学作用和功能以及适用的人群有所不同，为了保证体育教学研究的有效性，并且能够让新型运动器材和运动器具在教学过程中的作用得到充分的发挥，体育教学工作者需要清楚新型运动器材和运动器具的用法和作用。

第四节　体育教学研究的方法

体育教学研究是提高我国体育教学质量的方法之一，再加上目前教育学界对研究型教师的需求，体育教学研究逐渐受到更多人的关注与重视。任何一种研究只有掌握了先进的研究方法，才能保证研究的效果，加之体育教学具有一定的特殊性，因此，在体育教学研究过程中尤其要注重研究方法和手段的选择。笔者经过多年对国内外体育教学研究的了解和分析，对体育教学研究常用的方法做简单的介绍。

一、问卷调查法

问卷调查法是从事体育教学研究以及其他学科的教学研究时常用的一种方法，它是由体育教学研究者在对研究目的进行认真分析的基础上，按照体育教学的特点和要求设计一些具有针对性的问题，然后确定调查对象群体，借助这些问题向调查群体了解更多有关体育教学中的详细情况，或者征询一些意见。体育教学研究者在具备体育教学研究所需条件的情况下，第一步就是设计调查问卷，选择调查对象，然后进行问卷的回收和审查。

（一）调查问卷的一般结构

任何一种调查问卷都是由题目、指导语、具体内容和编号三个主要部分组成的，每一个部分都有其特定的目的和意义，下面对体育调查问卷的三个组成部分进行简单的介绍。

1. 调查问卷的题目

对于调查问卷而言，题目就是调查的主题，从某种意义上而言，它又是体育调查的目的。因此，在设计体育调查问卷题目的时候，其用语和表述的方式不能让调查对象产生反感。

2. 调查问卷的指导语

调查问卷的指导语实际上就是对开展体育调查的目的和调查中有关事项的说明，因此指导语的主要目的就是让调查者更清楚地了解问卷调查的目的和意义，从而引起调查者对调查问卷中题目的重视和兴趣，争取得到调查对象的积极参与和支持。一般而言，体育调查问卷指导语的表达要从被调查者的角度出发，体现被调查者的希望和意愿，同时指导语的内容应该简洁、准确。

3. 调查问卷的具体内容和编号

体育调查问卷的具体内容主要包括体育调查问题的内容、问题编排的次序、希望被调查者回答问题的方式等。编号实际上就是问卷中问题的编号，设计问题的编号主要是为了便于调查问卷中数据的整理和搜集。

（二）调查问卷中问题设计的基本要求

调查问卷的主要内容就是问题，由于体育本身就是一门具有复杂性的学科，为了保证体育调查问卷更符合体育教学研究的需要，在进行问题设计的时候应该满足以下基本要求。

1. 保证调查问卷中的问题符合客观的实际情况

由于体育教学具有很强的实践性，因此在设计体育调查问卷的问题时，要保证所提出的问题符合体育教学的客观实际。新课标的实施，加大了不同地区和学校在体育教学方面的差异，因此，在设计体育调查问卷的问题时，要从实际情况出发，对调查对象进行分析和了解。

2. 问题必须清楚且明确

在设计调查问卷的问题时，要避免设计一些模棱两可的问题，这样会干扰被调查者的思绪，不利于调查的顺利进行。因此，要多设计一些客观实际的问题，以便被调查者做出回答和选择。

3. 问题必须围绕调查目的

体育调查问卷原本就是体育教学研究者根据研究的目的所制定的，是为了更好地为体育教学研究服务的，因此所设计的问题应该紧紧围绕问卷调查的目的进行。

4. 问题必须与被调查者有关

被调查者是体育问卷调查的最终执行者，研究者根据他们填写的问卷，获取一些有益于教学研究的知识和信息，以便体育教学研究能够继续深入地开展。因此，调查问卷的题目设计要与被调查者有关。

5. 调查问卷的长度要适当

体育调查问卷的长度要适当，如果问卷设计的题目过多、过长，就会引起被调查者的反感，从而影响他们在填写调查问卷时的积极性。如果问卷的长度过短或问题过少，研究者就不能全面地获取所需要了解的信息。

（三）调查问卷的回答方式及其设计

调查问卷的回答方式无非是以下两种。

1. 开放性回答

开放性回答就是某些问题没有特定答案，由被调查者根据自己的理解和内心的想法自由填写。开放性回答的灵活性较大，适应性较强，而且被调查者在回答这类问题的时候不受任何的限制，会拥有更多自由回答和自我表达的机会，同时在回答问题的过程中，被调查者还能获得一些较为丰富的具有较强启发性的材料。开放性回答一般用于预测和估计等探索类问题。

2. 封闭性回答

封闭性回答即研究者在设计这一问题的答案的时候，首先应该将有可能作为问题答案的选项详细地列出，供被调查者选择。封闭性回答比较容易，一方面能够为被调查者提供更多参考内容，有利于打开被调查者的思路，为被调查者节约更多的作答时间；另一方面，对于研究者而言，有利于调查问卷的回收和数据的统计分析。封闭性回答的方法主要包括填空式、选择式、表格式等。

为了更好地完善调查问卷，可以将两种问答方式结合起来进行问卷的设计，以适应各种问题，便于研究者对体育教学信息的了解和掌握。

二、教学观察法

教学观察法实际上就是体育教学研究者对体育教学过程中所涉及的一些行为进行观察，在观察的过程中收集研究性资料的方法。教学观察法是体育教学研究运用最多的一种方法。

（一）教学观察法的特点

教学观察法之所以会成为教学研究领域普遍应用的方法，主要是因为其具有以下几个方面的特点。

1. 主观针对性

教学观察法最大的优点就是它具有极强的主观针对性，观察者可以在观察的过程中灵活地选择被观察的对象，这样就能主动地排除一些与研究无关的影响因素，使观察具有针对性。

2. 客观真实性

所谓客观真实性，是指所观察的对象和内容都是客观存在的，具有真实性和可靠性，同时也使得所观察的内容具有科学性。

3. 集体合作性

由于体育教学的特殊性和复杂性，在采用观察法进行研究的时候，往往会比较复杂，这就需要很多人的合作。在观察前期，对参加观察法调查的集体成员进行培训，培养他们的合作意识，这样才能保证调查研究过程中观察的质量。

（二）教学观察法的类型

可以按照观察的方式将其分为临场观察法、实验观察法、追踪观察法等。

1. 临场观察法

临场观察法实际上就是观察者直接处于观察对象所在的现场所进行的一种观察方式。临场观察法能够使观察者及时地掌握观察对象的变化，以便对其做出快速的反应，同时还能够使观察者身临其境地感受观察对象所处的环境，有利于体育教学研究的开展。

2. 实验观察法

实验观察法就是通过观察者的亲身实验而进行的一种观察方法，实际上就是将观察与实验完美结合为一体，使观察者能够及时地测量和观察实验过程中的指标变化，从而获得有关实验的结果，为教学研究提供更多可供参考的研究条件。

3. 追踪观察法

追踪观察法所观察的是一个事物发展变化的过程，所需要花费的时间较长。追踪观察法虽然会花费观察者很多的时间和精力，但是能够使观察者得到更多有关体育教学的实际情况。

（三）教学观察计划的制订

体育教学的观察计划实际上就是确定体育教学观察的步骤、程序的制定与安排，换言之，就是对体育教学观察法实行方案的研究。它在整个体育教学观察法中占据很重要的地位，是从事体育教学研究的工作人员进行观察的依据。教学观察计划的制订分为以下几步。

1. 明确观察的目标与任务

观察的目标与任务是从事体育教学观察的前提和基础，是观察过程的指导思想，在整个观察过程中起到非常重要的作用。

2. 选择观察的对象和指标

选择观察对象的时候要注意选取一些具有代表性的对象，这样所得到的结果也较有代表性和说服力。确定观察的指标也是观察过程中非常重要的一部分，要注意指标的有效性和客观性。

3. 确定观察的步骤

确定观察的步骤就是梳理观察的操作环节，只有确定观察的步骤才能保证观察的过程井然有序，从而保证观察的科学性和有序性。

三、教学实验法

教学实验法是在教学研究的过程中对所确定的研究假说进行可行性验证的方法。因为体育教学是一项对实践性要求极强的教学，因此每一种新的教学理论或是教学方法的推行都应该经过教学实验法的甄选和过滤，确保教学理论和方法的可行性。

（一）教学实验的类型

在对体育教学进行研究的过程中，按照教学实验过程中所涉及的因素，可以将教学实验分为单项实验、综合实验和整体实验三种类型。

1. 单项实验

单项实验实际上是根据实验对象或实验因素而命名的，所以单项实验实际上就是对体育教学研究过程中的一个因素进行操作，以观测其行为效果的实验。在单项实验的操作过程中，实验者能够有效地控制实验变量，把握实验进行的方向。

2. 综合实验

综合实验就是在体育教学研究过程中，对其中有着共同特性或者有着密切联系的内容进行综合研究的一种实验。综合实验一般适用于对有着密切联系的几个因素进行操作，便于对实验进行整体性的控制。

3. 整体实验

整体实验是对体育教学过程中某一个独立的整体结构进行全面的、深入的实验操作。整体实验相对而言是一个规模较大的实验，需要同一地区的体育教学研究者共同参与，并且在实验过程中要兼顾体育教学过程中涉及的诸多因素。

（二）教学实验的基本因素

任何一个完整的教学实验都是由自变量、调节变量、因变量和干扰变量共同组成的，每一种变量都在实验中发挥着重要的作用，应该处理好这几个变量之间的关系，以保证实验的有效性。

1. 自变量

所谓自变量，就是不固定的因素，它会随着外界环境的不同而发生变化。虽然难以有效地对自变量加以控制，但是自变量的有效利用能为教学研究带来意想不到的效果，促进教学研究成果的不断优化与完善。

2. 调节变量

调节变量一般也可称为次变量，在实验过程中它会导致自变量发生改变。由于调节变量有助于研究者对自变量效能和性质的研究，促进教学实验的进行，因此认识和研究调节变量具有重要意义。

3. 因变量

因变量实际上就是自变量的附属体，是在自变量不断变化下产生的一种变量。例如，在体育教学过程中，学生的发展会导致教学模式的变化。因变量是为了保证自变量更好地发展而存在的。

4. 干扰变量

干扰变量是不利于教学实验研究的变量，其存在会对教学实验产生不同程度的干扰，影响研究者对教学实验的归纳和总结。因此，在教学实验过程中，应该严格地控制干扰变量，以防对教学实验造成不利影响。

（三）教学实验设计

教学实验设计是教学实验的中心环节，也是教学实验过程中最为重要的环节，教学实验设计的好坏直接影响到实验的成果，继而影响整个体育教学研究的效果。因此，在教学实验过程中，要注重对实验设计的掌握，对教学实验而言，其所涉及的实验设计一般包括以下几类。

1. 单组末测实验设计

单组末测实验设计是教学实验过程中经常采用的一种实验设计方案，方法是从所实验的对象中挑选一个班或是一个实验小组，对这个班或实验小组引入一个与体育教学研究有关的变量，在经过一段时间之后，收集这个班或实验小组的测评结果，然后将这个测评结果与最初的状态相比较，这样就可以进一步证实实验效果的真实性。

2. 单组始末测试实验设计

单组始末测试实验设计能够帮助研究者更清楚地了解小组在实验前后的水平，以确定实验效果的好坏，能够使实验效果更具有说服力。这样的教学设计一般适用于较容易把握的教学变量，但是不适用于一些研究者无法把握的变量。

3. 单组纵贯重复始末实验设计

单组纵贯重复始末实验设计实际上就是通过实验效果的反复对比，确定实验的效果。这样的实验设计十分强调充分对比的周期性，应尽可能地保证实验对象的稳定性。

四、测量法

测量法顾名思义就是利用某种工具或器材进行测量，进而得出测量数据，利用这些测量数据对教学进行把握和研究的方法。下面对测量法进行简单的介绍。

（一）测量的类型

由于体育教学涉及的内容较多，因此体育教学研究中的测量包括物理量的测量和非物理量的测量。所谓物理量的测量，是指利用某种直观的器械进行测量，从而得到具体数据的过程，如学生的身高、体重、血压等。非物理量的测量是指利用简单的器械无法获得测量的结果，只能借助某种标准进行比较或是统计的测量方法获得，如心理承受能力、社会适应能力、人际交往能力等。

（二）测量的效度和信度

对于任何一种测量而言，测量的准确性和可靠性都是保证测量质量的两个基本要素。下面对测量过程中的效度和信度进行基本的分析。

1. 测量的效度

测量的效度是指测量所得到数据的有效性。对任何一项研究而言，测量得到的一定是研究过程中所需要进行分析的数据，是研究的条件和依据。为了保证研究的科学性，就需要保证测量所得数据的效度，主要包括以下几个方面。

（1）内容效度

内容效度指的是测量内容的有效性，主要是表现所要测量内容的特征。例如，要测量一个年级学生的体能特点，那么所应该测量的对象和内容就应该是学生的体能，这就是内容的效度。

（2）结构效度

结构效度是达成所测量内容的一种方法和构想，就是检验测量数据是否真正关系到所要研究问题的理论构思。例如，成绩测量的结构效度，强调以分数来解释测量过程和方法，而不是以学生的年龄或是体能。

（3）同时效度

同时效度是选用一种已经被认为有效的测量作为标准，在测量的过程中，由测试者根据在新测试和有效测量中分别获得的数据来估计效度的高低。例如，对学生表现成绩进行测量的时候，由学生和教师按照拟订好的测试标准进行打分，如果得分结果相差不大，那么就说明这一测试的效度较高。

2. 测量的信度

测量的信度又被称为测量的可靠性，这是对测量结果和过程真实性的评价指标，如果测量的信度较高，那么不仅受到外界干扰的概率较小，同时测量的效度也会较高，能够准确无误地测量出测量对象的特征。测量过程中无关变量对测量结果的影响较小，那么测量的信度就会越高。为了保证测量结果的准确性，通常要对测量信度进行检测，检测的方法一般包括重测法、复份法、分半法和内部一致性法。

（1）重测法

重测法表示测量过程的重复性，为了更好地检测某种测量方法和标准的测量效度，在测试一段时间后，以同样的方法和标准再次进行测试，如此反复，通过两次或是多次测量数据的对比，分析测量信度的高低。

（2）复份法

复份法就是在对统一测试对象进行测试的时候，用两份资料或者试题进行测试，然后计算并分析两种测量所得数据的关系。这样一方面能够避免重复测试给被测者带来精神上的疲劳，另一方面也能有效提升测试的效度。

（3）分半法

分半法是在测量的过程中将测试的全部试题分为奇数部分和偶数部分，经过一次测量之后，检测两边分数的关系。分半法较前面两种测试而言较为简单。

（4）内部一致性法

内部一致性法是目前较为流行的且效果较好的一种测量方法，它是指经过对被测试者和测试内容的分析，从测量的构思层次入手，使得测试的项目形成一定的内部结构，并根据内部结构的一致程度判断测试的信度。

（三）测量法的要求

测量法是体育教学研究中较为常见的一种方法，以数据为主导，因此在测量的过程中强调数据的真实性，其要求主要包括以下几个方面。

1. 数量化

教学研究中的测量法与其他方法最本质的区别，就是把所研究事物的某种属性或是特征以数据的形式表现出来，并用可以比较的数字来计算结果。

2. 保证测量的效度和信度

由于测量法主要是靠数据反映，因此，应保证测量的效度和信度，这是衡量测量科学性和有效性与否的关键因素之一。所以对于测试者而言，测试过程中应该尽量排除无关变量的干扰。

3. 采用适宜的数据处理方法

测量得到的数据是测量结果进行参考、比较的依据，因此在测试的过程中，除了要保证测试的效度和信度之外，还要强调数据单位的一致性，并采用适宜的数据处理方法。

第二章 体育教学的内容与目标

第一节 体育教学的内容

一、体育教学内容概述

体育教学内容是体育教学工作者在进行体育教学时的主要参考，因此体育教学内容在体育教学中占据非常重要的地位。再加上体育教学内容所涉及的知识点较为繁杂、宽泛，因此，对于任何一名体育教学工作者而言，体育教学工作必须建立在对体育教学内容充分了解的基础上。

（一）体育教学内容的概念

体育教学内容是依据当前国家总的教育方针和社会对体育教学的需求选择出来的，根据对学生身体条件和学校教学条件的深入分析和研究，在体育教学环境下传授给学生的一种体育锻炼活动。

体育教学内容是根据体育教学的目标进行选择的，是根据学生在成长过程中的发展需要以及体育教学过程中必备的教学条件最终整理而成的，并且是根据社会需求的发展而不断变化的。

体育教学内容主要是针对教学对象的大肌肉群的运动进行的，其具有很强的实践性，主要包括身体的锻炼、运动型教学的比赛、运动技能的获取等等。

诸如语文、数学、英语等学科知识的传授可以在教室内完成，学生可以通过对书本的反复研读，最终获得一定的知识和技能。但是对于体育教学而言，其所有的运动技能的传授，必须在体育教学活动中才能完成。

（二）体育教学内容与体育运动内容的区别

众所周知，体育教学内容是保证体育教学正常进行的有力保障，但是其与体育运动内容之间却也有着非常细微的差别。作为一名体育教育者或是研究者，清楚地掌握它们之间的差别，有助于不断深入地了解体育教学内容。经过深入分析和研究，对体育教学内容和体育运动内容间的区别介绍如下。

1. 服务的目的不同

体育教学内容是以教育为主的，其服务的目的是促进学生身心健康的发展，其内容偏于理论性，对教学活动具有指导意义。体育运动内容是以提高竞技运动水平、夺取胜利为主的，其服务的目的较偏重于教学内容的娱乐性和竞技性，对教学活动而言具有很强的实践性。

2. 内容的改造要求不同

随着时代的不断进步，体育教学内容需要根据时代的变化和社会的需求不断改变，以保证体育教学内容能够满足社会培养人才的需要。因此需要对体育教学内容进行必要的改造、组织和加工，而体育运动内容不必进行这种改造。

（三）体育教学内容的发展

体育教学内容和其他教学内容一样，也是随着社会和教育事业的不断发展而发展的。但是，与其他教学内容相比，体育教学内容的形成和完善还处于发展的阶段。体育教学内容的发展主要来源于以下几个方面。

1. 体操和兵式体操

古代体育的主要形式是兵式体操，由国家的专门机构指导参加训练的士兵进行列队、射击、剑术等战术问题的操练。后来，随着兵式体操训练的不断改进和制度的不断优化，体操最终成为今天体育教学中的内容之一。

2. 竞技类体育运动

我国早期出现的竞技类体育运动有骑技比赛、蹴鞠等，后来，随着人们对这类竞技类体育运动的兴趣激增，这类体育运动的发展日趋完善，最终成为一种正规的体育运动。工业革命以后，随着人们生活水平的不断提高，英美的体育游戏迅速地发展成为一种近代的体育运动，如足球、篮球、棒球等。而后随着不断的殖民扩张，这些体育运动最终传到世界各地并流行起来，迅速地在各国的学校教育中开展。再加上这些体育运动具有很强的娱乐性，因此深受广大青少年的喜爱，最终演变成体育教学活动中的重要内容。

3. 武术和武道

在古代的学校教育中，体育教学多是以武术教育的形式体现的，体育教学内容也大都是一些具有军事针对性的武术内容，这种运动不仅可以强身健体，而且能防身，因此迅速成为当下流行的一种体育教学内容，在社会上展现出独特的魅力，这也构成了“武术”和“武道”的基础。再加上这些运动在对人的精神和意志方面的培养有其他理论知识和教育学科所达不到的作用，因此，这种类型的体育活动深受人们的关注和喜爱。鉴于这种原因，由“武术”和“武道”原型构成的运动项目成为体育教学中的一种正式的教学项目，受到很多国家的关注。

4. 舞蹈与韵律性体操

舞蹈是人类最古老的艺术形式之一，是从古至今人们最喜爱的一种活动。在社会发展的历程中，随处可以见到舞蹈的影子，研究各国文化发展的历史可以发现，舞蹈是世界上很多国家民族文化的重要组成部分，在民族文化的形成、民族之间的交流中占据举足轻重的地位。除了舞蹈之外，韵律性体操也因为很多体育爱好者追求美感和锻炼效果，逐渐登上体育锻炼的舞台。在韵律性体操的基础上又出现了艺术体操、健美操等。传统舞蹈经过不断的改进和提升，形成了多样的民族舞蹈、体育舞蹈等。舞蹈和韵律性体操能够陶冶身心，并且在培养机体的美感和节奏感等方面也具有非常重要的作用。因此，舞蹈和韵律性体操逐渐成为体育教学内容的重要组成部分。

（四）体育教学内容的特点

1. 体育教学内容的功能具有多样性

体育教学内容起源不同，又受到所处文化形态的影响，这就决定了体育教学内容具有不同的功能，人们对体育教学内容的判断也必然会受到其传统起源的影响。因此在进行体育教学的时候，要遵循因材施教的原则，这样才能保证体育教学的顺利进行。

2. 体育教学内容的更新速度较快

体育教学本身对实践性要求较高，体育教学中所涉及的因素也非常多，受当前有关体育教学方针的影响，再加上体育教学本身受到地域、经济、政治、文化的影响较大，因此体育教学工作者在进行体育教学工作时难度较大。要想与时俱进地开展体育教学，就要根据社会需求不断地更新教学内容。

3. 体育教学内容之间是一种平行的关系

体育教学虽然涉及的内容较多，但是各内容之间并没有太多的联系和牵制，各内容之间是一种平行的关系。如跑步和跳远之间就是相对平行的两种内容，在教学过程中，两者之间没有太大的联系。

4. 每一种体育教学内容被赋予的教学任务不同

体育教学内容具有很强的时代性，不同时代的人对于体育教学的要求不同，因此，每一种教学内容所承担的教学目标和任务也就不同，如在体育教学中开展各种体育锻炼是为了提升学生的体育素质，进行比赛是为了培养学生的团队精神、合作意识等综合素质。因此在进行体育教学或是选择教学内容时，应该仔细地分析教学目标，以便对教学内容进行梳理和选择。

（五）体育教学内容与教育内容的共性

体育教学内容是教育内容的一个组成部分，它与教育内容具有一些共性，这些共性主要表现在以下几个方面。

1. 教育性

体育教学内容是对受教育者进行身体健康教育和心理陶冶教育的参考，当体育教学研究者和教学内容组织者将众多的运动项目选为体育教学内容的时候，首先想到的就是这些运动项目本身所具有的教育性。体育教学内容的教育性主要体现在以下几个方面。

（1）有利于学生身心健康

体育教学是通过指导学生身体的运动和一些竞技性的小组活动，以促进学生的身心健康发展而进行的一种教学。体育运动本身就是一种肌肉群的活动，它能够通过身体的锻炼来增强学生的体质，通过各种小组教学活动和竞技类活动的开展来培养学生的综合素质。

（2）对学生成长具有积极的影响

体育教学内容主要是一些具有深刻影响意义的内容，能矫正学生的心态，培养学生坚强的意志，影响学生价值观的形成，对学生的成长具有积极的影响。

（3）内容的设计具有普遍性

体育教学内容所面对的是教学活动中的全体学生，因此所选择的教学内容具有普遍性。所谓普遍性就是指教学内容要保证适应大多数人群，这样才能达到教学的统一，有利于教学的开展和进行。

2. 科学性

由于体育教学本身就是一种以学校教育为主要形式进行的有计划、有组织、有目的的教育活动，是以教育和培养青少年的健康发展为主要目的，因此体育教学内容也应该与学校教育范畴中的其他教学内容一样，保证其具有很强的科学性。可将体育教学内容的科学性表现划分为以下几点。

（1）体育教学具有很强的针对性

体育教学的对象是广大青少年，其目标就是培养社会所需要的身心健康、全面发展的人才。再加上体育教学内容是对人类文明的反映和表现，同时体育锻炼的实践性也使得人们不得不重视这一过程，因此体育教学具有很强的针对性。

（2）教学内容符合学生的需求

在对体育教学内容进行筛选的时候，为了保证体育教学内容能够更好地为学生服务，体育教学研究者要对教学内容进行反复的筛选，使其能够符合学生的身体发展需求和社会需求，同时体育教学内容具有很强的指导性，为教学过程提供参考和依据。

（3）遵循体育教学的规律和原则

任何一门学科的教学都要遵循其特定的规律和原则，这是保证教学目标顺利实现的基本条件之一。体育教学牵涉的内容较多，较为复杂，为了保证教学过程能够按照目标的方向进行，在选择教学内容时应该遵循体育教学中特定的科学规律和原则，保证体育教学的科学性。

3. 系统性

体育教学是一门繁杂的学科，不仅所涉及的内容较为繁杂，范围较为宽泛，而且对教学目标的要求也较高。因此，在进行教学内容的梳理时，应该根据知识之间的系统性进行组织和安排。通过对体育教学内容的研究可以发现，体育教学内容的系统性主要表现在以下几个方面。

（1）教学内容本身的系统性

通过以上对体育教学内容的介绍可知，体育教学内容具有很大的复杂性，但是每一个知识内容之间又表现出一定的联系性和逻辑性。如安排低年级的学生学习体育的时候，首先应该培养学生的方向意识，先通过“向左转、向右转、立定、向后转”等一些简单指令培养学生的方向意识，然后对学生进行各种体育教学内容的训练。由此可知，体育教学内容本身就具有系统性。

（2）体育教学目标的系统性

在体育教学的过程中，需要根据体育教学的特点、学生的成长特点和教学环境等，深刻地认识体育教学过程和教学内容之间的规律性。必须根据学生的成长过程系统地、有逻辑地安排各个学校、各个年级的体育教学内容，并处理好它们之间的相互关系，将体育教学贯穿于教学的始终，这就是体育教学目标的系统性。

（六）体育教学内容的特性

体育教学内容除了具有与教育内容的共性之外，还具有很多专属于体育教学的特性，这些特性在体育教学过程中发挥着非常重要的作用，主要表现在以下几个方面。

1. 实践性

众所周知，体育教学内容主要是一些具有教育意义的运动项目，并且需要学生肢体和大肌肉群的共同作用才能完成，因此，运动实践是体育教学中的一个较为突出的特点。一般学科都是通过教师的课堂讲授，加上听、说、读、写等一系列训练完成教学任务的，而体育教学内容仅仅依靠听、说、读、写这种相对静态的方式是无法保证完成的，需要在特定的场地通过一定的体育运动才能完成。虽然国家规定的体育教学目标中包括对学生的心理健康的教育，但是这种教育也是通过某种体育活动的开展让学生体会到的。由此可见，体育教学内容具有实践性的特点。

2. 娱乐性

通过之前对体育教学内容的介绍可知，体育教学内容主要来源于生活、军事和艺术等方面，如武术来源于古代军营；体操、健美操、舞蹈来源于艺术行业；跑步来源于我们的日常生活。适当的运动或者竞赛活动会让参与者获得身心上的放松或者是身体上的改变，如篮球、足球、乒乓球等，这些运动能够丰富学生的业余生活，促进学生之间的交流，使学生在运动中获得快乐，这就是体育教学内容娱乐性的表现。

3. 健身性

体育教学的目的之一就是增强学生的体质，保证每一位学生都能拥有健康的体魄。因为体育教学内容有很大一部分是以大肌肉群运动为形式的技能传授与练习，因此，很多能为身体带来动能的体育运动都会增加学生身体中的运动负荷。再加上青少年正处于身体发育的关键时期，适当的体育运动能够促进他们的身体成长，提高他们的肺活量和身体承重力，不断地激发他们身体内部的潜能，从而达到强身健体的目的。

4. 开放性

体育教学内容和其他学科教学最大的区别就是体育教学内容具有很强的集体性，注重对学生的人际交流能力、团队合作能力等社会性能力的培养和提升。再加上体育教学内容中所涉及的很多运动项目都是需要小组或者是集体共同完成的，并且需要全体成员充分地发挥自己的作用才能更好地完成，从这一方面来看，其教学内容具有很强的人际交流开放性，有利于学生人际关系的培养。

二、体育教学内容的目标与要求

体育教学的内容来源于人类发展的各个时期，其教学内容的目标和要求都具有很强的时代性。这主要是因为体育教学内容由当地民众的文化水平、地域气候条件、社会政治经济发展状况、生产力水平、科学技术水平等因素决定。

（一）传统性体育教学内容的目标和要求

传统性体育教学内容主要是指运用传统的教育方法对学生进行体育运动技能培训的一种形式，是体育教学内容中一直存在的锻炼项目。虽然体育教学内容随着时代的不断更迭而持续变化，但是传统性体育教学内容因其积极的教育作用仍然在教育界中占据很重要的地位。下面将对一部分传统性体育教学内容的目标和要求进行简单的叙述。

1. 体育保健

体育保健教学内容的目标：通过体育保健基本知识和原理的传授，首先让学生深刻地认识到体育教学在人的成长过程中的重要作用，学习体育运动对国家、社会的重要作用，从而激发学生对体育锻炼的使命感，使他们自觉地参加体育锻炼。除此之外，通过体育保健基本知识和原理的学习，学生能够了解一些体育学习的必要知识，形成对体育教学的正确认识。

体育保健教学内容的要求：体育保健教学内容的编写应该结合当前社

会的状况、学生的实际需求等方面进行，并且精选一些对学生的实际生活和成长有较重要影响作用的体育运动项目，保证内容的真实性和目的性。同时在对这类内容进行教学的过程中，要结合实际操作进行演示，有益于学生掌握和接受。

2. 田径运动

田径运动是常见的运动项目，其主要包括跑步、跳高、跳远、投掷等内容。田径运动教学内容的目标：通过这项运动，学生能够了解田径运动的一般规律和基本知识，清楚地认识到田径运动对他们成长过程中身体素质培养的重要意义，掌握一些田径运动相关的基本原理和方法，掌握一些基本的田径运动技能，通过生活中的不断练习，达到增强学生体质的目的。

田径运动教学内容的要求：在设计田径运动教学内容的时候，不应该单单从竞技类运动的角度划分、分析田径运动的教学内容和作用，应该从文化、运动特点、技能作用等多方面进行教学内容的设计和组织，这样才能让学生更科学地掌握田径运动的基本知识，并且将获得的田径运动知识和技能正确地应用到健身实践中去。由于田径运动会使肌体产生一定的负荷，负荷强度太高会对肌体造成一定的损害，强度太低则达不到运动的效果，所以在教学过程中，应该根据学生的身体特点进行灵活的教学。

3. 体操运动

体操运动是体育教学中的重要组成部分，由于其对人体的平衡和形体的训练有着非常积极的作用，体操这一运动颇受广大青少年的喜爱。体操运动教学内容的目标：第一，在教师的指导下，让学生充分地了解体操运动文化，了解体操运动对人体健康的作用；第二，让学生掌握一些基本的体操运动技能和方法，使学生能够在日常生活中使用体操来锻炼身体；第三，让学生能够安全地从事体操运动，并且掌握一些体操比赛的基本常识和技巧。

体操运动教学内容的要求：体操不仅能锻炼人体的平衡性、协调性和灵活性，而且能对学生进行心理方面的积极引导和教育。因此，要从竞技、心理和生理等多视角来对体操教学内容进行分析。在教学内容的编排上要保证一定的层次性，不能总是停留在低水平的层次上。在教学过程中，要根据学生的身体特点，开展合理的训练，如有些平衡能力较差的学生，应该对其进行更多有关平衡能力的练习，做到因材施教，这样，才能保证教学质量的提高。

4. 球类运动

球类运动是一种常见运动，其主要包括足球、篮球、乒乓球等运动。由于球类运动是一项充满活力和竞技趣味的运动，因此很受当今的青少年喜爱。球类运动教学内容的目标：第一，让学生充分地了解球类运动的基本概念和球类运动中的一些比赛规则；第二，使学生能够掌握一些球类运动的技能和技巧，以及参加球类运动比赛的基本技能和常识性知识。

球类运动教学内容的要求：球类运动虽然是一项群众性的运动，但其技巧和方法较为复杂，因此在筛选教学内容的时候不能只对球类的单个技能进行教学，而忽视其与比赛之间的联系，否则就会失去球类运动的基本特性；同时还要注意教学内容选择的顺序性与实战性之间的联系。在教学过程中，要注重对技能的训练和对学生团队合作精神的培养。

5. 韵律运动

韵律运动其实就是一些类似于舞蹈、健美操、体操等的运动项目，韵律运动与其他运动最大的区别就是将舞蹈与运动相结合，在音乐节奏的作用下，实现两者的完美结合，因此，韵律运动是当今女性尤其喜爱的一种运动。韵律运动教学内容的目标：使学生了解韵律运动的基本特征，了解从事这一项运动所应该遵循的基本原则和规律，掌握一些基本的技巧和套路。除此之外，通过此课程的学习，塑造学生优美的形体。

韵律运动教学内容的要求：因为韵律运动是一项表现运动，同时又是一项塑造形体的运动，不仅涉及音乐、艺术方面的因素，还涉及美学方面的知识，因此，韵律运动教学内容应该从学生审美观的培养、舞蹈音乐的了解和掌握等方面全面地、多角度地加以考虑。韵律运动教学内容还要强调对学生创新能力的培养。

6. 民族传统体育

民族传统体育反映了一个民族发展的历史，代表着这个民族的精神和文化。通过对民族传统体育的了解和研究，将其教学内容的目标确定如下：第一，借助这些民族传统体育的讲授，让学生对民族文化有更深的了解；第二，使学生学到一些民族传统体育的技能，既可以防身又可以继承和弘扬民族文化，如中国武术。

民族传统体育教学内容的要求：在编排内容时，不仅要结合学生的特点以及现代人的生活方式，而且要强调内容的文化性和实用性，特别是对民族传统体育文化背景和意义的介绍和揣摩。在教学过程中，要注意对学生兴趣的培养。

（二）新兴体育教学内容的目标和要求

随着社会的不断发展，人们生活水平日益提升，科技不断进步，促进了各国政治、经济、文化的迅速创新和发展。在这种社会背景下，新的体育运动项目也逐渐兴起。

1. 乡土体育

近年来，随着教育改革的不断深入，创新教育内容、不断地对课程资源进行开发引起了广大体育教学研究者的重视，一些具有积极锻炼意义、散发着浓烈的乡土气息的运动项目重新登上体育教育的舞台。这类乡土体育运动的教学目标是：让学生对民间体育和民俗风情有更深的了解，使学生掌握一些具有地区特色的民俗体育知识和技能，促进当地传统文化的继承和传播。

乡土体育教学内容的要求：由于这类体育项目来自民间，具有民俗文化的传播作用，因此，要注重其内容的文化性、安全性、锻炼性和规范性，同时剔除一些不利于文化传播或是正能量传播的因素，摒除一些错误的实践。

2. 体适能与身体锻炼

随着社会对学生的身心健康全面发展要求的不断提高，一些针对性较强的体育锻炼作为培养学生身体健康的运动被正式带进课堂。这些内容与教师对此运动的实践技能的传授相结合，共同发挥着提高学生的身体素质和运动素质的作用。体适能与身体锻炼教学内容的目标：体育教师应该通过这一部分教学内容有效地锻炼学生的身体，让学生掌握更多实践锻炼和运动的原则和方法，帮助他们更好地提升运动技能。

体适能与身体锻炼教学内容的要求：由于这是对学生体适能的锻炼，因此要结合学生身体素质的状况，遵循体育锻炼时的基本规律，要注意锻炼的针对性、科学性和时效性，同时注意内容应该符合国家规定的关于学生体质健康的实行标准。

3. 新兴体育运动

由于新兴体育运动教学的内容具有时代性，因此教师在教学时要注意对体育教学目标的掌握：使学生掌握一些比较流行的体育运动文化，提高学生对新兴体育运动教学内容的兴趣，同时提高体育教学在终身教育方面的实用性，从而提高体育教学的质量。

新兴体育运动教学内容的要求：由于是一种新兴的体育教学内容，所以在选用这种教学内容时，首先要保证其符合教学条件的基本要求，其次要注意体育教学内容的文化性、教育性、安全性和实践性，同时注意对教育内容的筛选，杜绝不利于学生成长的体育内容。

4. 巩固和应用类课程的基本教学内容

巩固和应用类课程的基本教学内容是新课标要求下的一种教学内容，而且是随着活动课程的发展而不断形成的，其教学内容的目标是：通过此类教学内容的学习，巩固学生有关体育教学的基本知识和技能，并能够将其与运动实践相结合，借此提高学生的体育锻炼技能以及在参加体育活动方面的常识和能力。

巩固和应用类课程的基本教学内容的要求：在选用教学内容时，应该注意将其与学科内容和体育教学内容完美地融合，同时注意对内容的延展性和应用性的掌握，注意对学生在体育教学活动中的创新能力和创新意识的培养，使学生能够进一步拓展所学习到的知识和技术。

（三）我国体育教学内容的发展和改革

1. 体育教学内容的发展趋势

体育教学内容都是从人们传统的生活方式和生活习惯中演变而来的，但是由于时代的不同，体育教学内容也产生了不同程度的变化。

（1）正规的体育运动项目迅速兴起

人们对体育教学的认识以及对体育教学的重视程度逐渐提高，随着现代竞技体育运动的不断兴起和普及，其逐渐取代了乡土体育教学内容。

（2）对体育教师的要求较高

虽然随着新课标的推行，体育教学内容的数量正在不断减少，但是随着体育大纲教学目标的强度不断加大，体育教学内容的难度也有所增加。这就要求承担体育教学工作的教师必须由受过专门体育训练的人员担任。

（3）体育教学的娱乐性因素在减少

随着教育事业的不断创新和发展，体育教学也在素质教育的推动下逐渐发挥了其重要作用。目前，体育教学成为社会培养全面发展人才、培养健康体魄学生的重要途径。在这一背景下，体育教学逐渐淡去了其本身具有的娱乐性，加大了对锻炼性的要求。

（4）运动器材的正规化

体育运动已经作为一种正规的体育教学手段被推上了教育的舞台，并且得到了足够的重视。随着科学技术的不断发展，一些新兴的具有锻炼意义的正规体育器材，也被应用于教学情境中。

2. 体育教学内容的改革

通过上述对体育教学发展趋势的分析可以看出，体育教学内容虽然日益正规，却很单调，技术难度在不断加大，但是娱乐性在不断减少，长此以往，学生会逐渐地降低对体育运动的兴趣。针对这种情况，必须进行以下体育教学内容的改革。

（1）改变体育教学内容中的生硬化

体育教学内容的生硬化将会使体育教学变得枯燥无味，并降低学生对体育运动的兴趣，不利于教学效果的加强和教学质量的提高。因此，当前应该改变体育教学内容生硬化这一现象，使学生重新燃起对体育运动的兴趣。

（2）解决体育教学内容与学生社会体育活动之间的差异问题

体育教学内容的原型来源于人们的日常生活，也正因如此，使体育教学内容与学生社会体育活动联系起来，有利于学生掌握和巩固体育知识和技能。因此，应该解决体育教学内容与学生社会体育活动之间的差异问题，推进体育教学的群众性和实践性。

（3）提高学生的体育兴趣

兴趣是促进学生更好地学习的催化剂，但是随着近几年来体育教学内容去娱乐性的特点，很多学生觉得目前较为正规的体育教学变得枯燥无味，逐渐对体育学习失去兴趣。这对于体育教学而言是非常不利的，因此，教学内容应该重视其娱乐性，提高学生对体育学习的兴趣。

（4）多增加一些具有民族性的体育内容

体育教学内容中应该多增加一些具有民族性的体育教学内容，提高学生对民族文化的认识，促进民族体育文化的传播。

第二节 体育教学的目标

一、体育教学目标概述

体育是随着社会的不断进步而衍生出的一门学科，也是一个多功能和多指向性的学科。受社会环境的影响，体育教学目标的内容也日趋庞杂，难以进行科学的总结和制定。研究体育教学目标的概念有助于在教学的过程中科学地制定体育教学目标，以保证体育教学的顺利实施。

（一）目标、教学目标的概念

研究体育教学目标的概念，首先应该清楚目标和教学目标的概念，这样有助于人们了解和掌握体育教学目标。

1. 目标

目标是指某一活动在一定时期内预期达到的程度和所取得的效果。目标通常是一个体系或是一个系统，具有方向性、层次性、可操作性和挑战性。在某项活动开始前，对其制定目标，不仅能够激发参与者的热情，同时还能使参与者明确活动的方向。

2. 教学目标

教学本身就是一个实践的过程，教师和学生在这种实践活动中的目标就是教学目标。教学目标是教学中学生预期达到的学习效果和标准，这为教学活动提供了方向。

（二）体育教学的目标及其相关的概念

从体育教学的研究来看，体育教学目标与体育教学任务和体育教学目的之间有着不可分割的联系，具体如下。

1. 体育教学目的、教学任务和教学目标含义

（1）体育教学的目的

所谓体育教学目的，实际上就是指开展体育教学活动是“为了什么”，学校开展体育教学是为了达到什么效果，因此，可以将体育教学目的定义为：人们设立体育学科和实施体育教学所要达到的某种结果和期望。从体育教学目的的定义中可以看出，体育教学目的贯穿于整个体育教学活动，是教学活

动的指导思想，控制着体育教学开展的进程和方向。

（2）体育教学的任务

所谓任务就是指被委派的某种工作和责任，即上级为了保证某种期望能够顺利完成而向下级布置的工作。体育教学任务实际上就是体育教师在教学过程中要做的工作。由此可见，体育教学任务是为体育教学目的服务的，保证体育教学目的的完成，是体育教学的中间环节。

（3）体育教学的目标

体育教学目标是通过对体育教学任务和体育教学目的的分析、归纳、总结而制订的一种较为完善的教学工作计划，是教学过程中教师努力的方向和所预期达到的教学成果。体育教学目标强调的是教学目的和教学任务的阶段性，在教学的过程中各个阶段的任务和预期效果以及最后完成的效果。

2. 体育教学目标、教学任务和教学目的三者之间的关系

体育教学目标、教学任务、教学目的三者并不是独立存在的，而是相互依托的，三者之间的相互关系如下。

第一，各个阶段的体育教学目标的综合就是最终的体育教学目标。体育教学是一个复杂的内容，所以体育教学目标也相对复杂，因此，需要将体育教学目标按照教学的阶段进行分解，保证体育教学目标有效实施。

举一个实际教学中的例子，某一个年级的体育教学目标是提升学生的体育运动能力和技能，这种目标总体而言较为笼统，不利于教师在教学过程中的实施。有些教师将这些目标进行阶段性的分解：培养学生对体育运动的兴趣、增长学生对体育知识的了解、培养学生的体育运动技能等，这些小目标最终汇总成体育教学总目标。

第二，前面我们已经对体育教学目标的概念进行了简单的梳理，明确了体育教学目标是体育教学活动预期取得的效果，由此可以看出，体育教学目标是实现体育教学目的的标志。

举一个体育教学中的例子，如体育教学的目的是让学生掌握足球发球的技能，那么，足球教学的总目标就是让学生学会主要的足球技能和有关的知识、学会运用战术、学习有关规则和背景知识、学会欣赏足球等。各节有关足球课程的教学任务就是指导学生学习和掌握小目标所要求的教学任务。

第三，体育教学任务是保证体育教学目标实现的根本途径，也是体育

教学目标和目的实现应该做的实际工作和承担的责任。

举一个体育教学的事例，足球课程的开展目的和目标是提高学生对足球技能和知识的掌握。体育教师为了保证这一教学目的和教学目标的实现，在教学的过程中，对学生进行足球发球和射门技能的教授（教学任务）。

3. 体育教学目标的概念

体育教学目标是根据当前社会对学生的要求、学生的特点和国家的教学方针制定的。为了保证教学目标有效落实，可以将其分为阶段性成果和最终成果。阶段性成果是体育教师为了保证体育教学的有效性，根据体育教学总目标制定的阶段目标；最终成果就是体育教学的目标。

（三）体育教学目标、体育学科功能和体育学科价值

有人认为体育教学目标与体育学科功能和体育学科价值之间有着非常密切的联系，有时候甚至将体育教学目标定义为体育学科价值和体育学科功能的综合。这是对体育教学目标概念理解不深造成的，为了帮助读者更加了解体育教学目标、体育学科功能和体育学科价值之间的关系，对三者的概念和三者之间的关系进行如下论述。

1. 体育学科功能与体育学科价值的含义

（1）体育学科功能

功能取决于事物本身所具有的一种独特的性质和特点。因此，体育学科功能也是来自体育学科自身所具有的性质和特点。由于体育是来源于不同领域的文化，是人们长期生活过程中不断积累和总结的一种多样性的学科活动，涉及人们生活中的方方面面，因此，体育学科的功能具有其涉及的每一个文化领域的功能。所以，体育学科的功能具有多样性，并且每种功能均来自组成体育学科的多样化的文化母体的性质和特征。

（2）体育学科价值

一种事物的价值主要取决于其功能，而体育学科的价值也取决于组成学科内容和板块的功能。体育教学的功能具有多样性，所以体育学科的价值也具有多样性。体育学科功能和体育学科价值之间有着非常密切的联系，但是两者又有不同之处。体育学科功能是指某一项体育教学技能或是知识所发挥的作用，而体育学科的价值则是指学生在学习这项技能之后所达到的效果，学生对体育学科的价值取向有助于帮助学生形成对体育学习的主观能动

性，实现体育的多种价值。

2. 体育教学目标、体育学科价值、体育学科功能之间的关系

体育学科功能强调的是一个事物固有的、客观的属性；体育学科价值是体育教学过程中的学习主体和客体被赋予某种技能或是体育活动，属于被外界赋予的主观的属性；体育教学目标则是根据体育教学过程中每一个教学任务的功能进行价值分析后的行为指向。

如果某项体育技能或者活动具有某种功能，但是人们在教学的过程中没有发现这个功能，就不可能把这个功能作为目标；反之，如果一个体育技能或者活动不具有某种功能，即使体育教育工作者要求通过这个技能的学习实现某种功能，那也是不可能实现的。因此，体育学科功能和体育教学目标是包含与被包含的关系，体育学科功能包含体育教学目标。

体育教学目标通过某种体育活动的功能的发挥来实现体育活动的价值。体育学科的价值是人们主观形成的，是由体育教学活动的功能决定的，所以体育教学的目标也是由体育教学的价值形成的；但是，如果一个体育学科不具有某种价值，将其作为体育教学目标的想法也是无法实现的。所以体育教学目标属于体育学科价值的一部分。

所以，我们不能简单地将体育学科功能等同于体育教学目标，也不能将体育学科价值等同于体育教学目标。体育教学目标是体育学科价值与体育学科功能的交集，即体育教学目标既是体育学科功能的一部分，也是体育学科价值的一部分。

（四）体育教学目标的功能

分析体育教学目标的功能有助于人们了解和掌握体育教学目标，为体育教学目标的制定提供科学依据。体育教学目标有以下几个方面的功能。

1. 激励功能

体育教学目标是体育教学目的和活动价值的集合，是学校开展体育教学活动课程所要达到的一种目的和效果。确立体育教学目标能够激发学生对体育学习的兴趣，而且目标中的功能和效果能够提升教师对体育教学的热情，激励教师科学地开展体育教学工作，保证教学目标的实现。对社会而言，体育教学能够培养符合时代所需的接班人，这一目标激励着学生、教师和教学研究者重视体育教学。

2. 定向功能

体育教学目标实际上就是体育教学所要达到的一种方向，指导着教学活动按照一定的方向进行；体育教学目标反映体育教学的目的，体育教学的目的是体育教学所要达到的效果和方向。如学校开展体能训练课程的目的就是增强学生的体能，促进学生的身心健康，使其适应社会的发展需要，因此，体育教师在进行教学的时候，会朝这个方向进行。所以，体育教学目标对于体育教学而言，具有定向的功能。

3. 评价功能

任何一种学科的教学过程都需要教学目标，它不仅在教学中发挥着激励作用和定向作用，同时也是教学的评价标准。如学校开展篮球课程的根本目标是让学生学会篮球运动的相关技能和知识，这也是教师在教学过程中的方向。如果教师完成了这一教学目标，那么这名体育教师就获得了相应的教学成就，是一名合格的体育教师；如果不能实现这一教学目标，那么教师就没有完成自己的教学任务。由此可以看出，体育教学目标具有评价功能。

4. 规范功能

体育教学相对于其他学科而言，具有复杂性，再加上新课标的要求，更加大了体育教学的难度，这就使得有些教师在开展体育教学的过程中，无法保证体育教学的科学性，最终造成不好的影响。体育教学目标是教师教学过程中的参考，规范了教学过程中教师的行为和教学的内容，使得体育教学能够按照科学的轨道进行，促进了教学质量的提高。

二、体育教学目标的划分及其之间的关系

同很多事物一样，体育教学目标也有着固定的体系和科学的分类。多年来，体育教育工作者们一直想解决“体育教学目标空泛”的问题，这个问题的实质就是没有对体育教学目标进行科学的划分，导致在体育教学的过程中，无法保证体育教学目标的实现。

（一）对体育教学目标进行划分的意义

体育教学目标按照教学的不同领域进行分类，可以分为知识、技能、体能、情感和意志五大类。传统的体育教学目标将这五大类教学目标交织在一起，给基层的体育教学带来了一定的困惑和难题。从事任何一种学科的教学过程，其目标内容都是由情感态度要素、知识要素和基本能力要素组成的。

如果我们打破传统较为笼统的体育教学目标，按照其涉及的不同领域进行分类，将会对体育教学工作和教学目标的实现带来很多的便利。

（二）体育教学目标的划分方法

下面将按照体育教学涉及的领域对体育教学目标进行划分，并做简要的概述。

1. 知识目标

知识目标贯穿于体育教学过程的始终，是体育教学的基础，包括对健康的认识、体育目标概念及原理和体育教学规律的学习要求，如认识和理解体育锻炼对身体造成的影响，了解体育教学对学生心理健康的影响，了解体育教学在当今教育学和社会中的地位和意义。这样的教学目标能够使教师在教学的过程中有意识地向学生讲授一些体育基础知识，丰富学生对体育教学的认识，提高学生对体育学习的兴趣。

2. 体能目标

体能目标主要体现在身体健康领域，是为了提高学生的体能素质、适应当今社会对学生的体能需求而制定的一种目标。例如，通过各种田径运动项目，提升学生的跑步速度；通过跳绳、跳高等运动项目，提升学生的有氧耐力；通过篮球、足球等各种球类运动，提升学生反应速度和灵敏性。体能目标能让教师加强对体能训练的认识，有目的地对学生开展体能训练项目。

3. 技能目标

技能目标主要集中在对学生进行体育教学过程中的某项活动的操作方法和技巧的领域，提出对学生学习和掌握某项活动的操作技能和方法。如在篮球课程的学习中，培养学生在打篮球过程中对战术的掌握和运用能力；在体操或是舞蹈的学习过程中，学会舞蹈的动作要领；在学习田径运动时掌握几个主要的田径运动技能和方法；等等。技能目标明确了学生的学习领域和学习内容，提高了教学的针对性。

4. 情意目标

情意目标分散在体育教学目标的各个领域，主要集中在学生的心理健康和适应能力领域，是社会发展对学生的价值观、道德情感、心理素质、精神素质、社会价值等各方面与心理健康相关领域的目标。如在参加某种体育教学活动的过程中，提高了学生的交际能力；在某种具有竞争性项目的活动中，加强了对学生的心理素质教育；等等。情意目标在教学过程中容易被忽视，对其进行划分有助于强化教师对教学过程中学生心理健康教育的重视。

由此可见，对体育教学目标进行划分能够使体育教学工作者在教学过程中厘清思路，使人们对达成各项目标的方法、教学特点有一个较为清晰的认识，同时也降低了在教学过程中的教学难度。如在教学的过程中将某一个教学内容划分为知识目标，就可以选择一些与目标紧密相关的内容进行讲授，同时也清楚了在对学生进行体育教学相关知识的教授时应该采用什么样的教学手段，安排什么样的教学环境，从而有助于学生对教学内容的掌握，便于教师预估需要多长的时间才能保证这一目标的实现。因此可以说，对教学目标进行划分，有助于体育教师明确体育教学目标的性质和特点，从而有利于体育教学目标的确立和教学方法的选择。

（三）体育教学目标的划分依据

同其他学科的教学目标一样，体育教学目标也是较为笼统的体系。体育教学目标的划分是由体育教学目标的层次和体育教学目标的分类决定的。

1. 体育教学目标的层次

体育教学目标是由多个层次的目标组成的，其中包括课程教学目标、水平教学目标、学年教学目标、单元教学目标、课时教学目标，甚至还有更为细分的知识点和技术点的教学目标。其中课程教学目标和水平教学目标均属于学段教学目标。

（1）学段教学目标

我国传统体育教学过程中对学段教学目标的划分基本上是根据学校教育的不同层次进行的。学校教育分为小学、初中、高中和大学四个基本学段，对每个学段都规定了相应的教学目标，这种形式的划分更符合学生的身心发展需要，使体育教学更具有科学性。

（2）学年教学目标

学年教学目标是在学段教学目标的基础上确立的，它是对每个学段内的学年体育教学活动目标的分解，是该学段的学生在学年结束的同时必须完成的教学任务。学年教学目标有助于对体育教师教学效果进行评价。

（3）单元教学目标

单元教学目标是在学年教学目标的基础上制定的。单元是在学年的教学过程中，根据教学模块进行划分的，是各门课程教学中相对完整的划分单位，它代表着课程编纂者和课程开发者对课程结构总的看法和认识，以及在此基础上对某一个教学内容的要求。任何一位教师在对学科课程进行教学时，都是按照单元组织教学活动的。

（4）课时教学目标

课时是教学活动进行的基本单位，是在单元教学目标的基础上确立的，连续几个课时的教学目标最终构成单元教学目标。课时教学目标是教师自行编写的，因此具有很大的灵活性。课时教学目标是构成以上各种目标的元素，因此在体育教学目标的实现过程中显得尤为重要。

2. 各层次体育教学目标的功能与工作

从以上体育教学目标层次的划分中我们可以看出，体育教学目标的划分是具有科学依据的，每个层次的教学目标都有其功能与作用。作为一名体育教学工作者，应该详细地掌握体育教学目标的功能，这样才能有利于体育教学工作的开展。

（1）各层次教学目标的主要功能

体育教学目标的功能实际上就是指各个阶段的体育教学目标所具有的作用和特点。如果体育教师在教学的过程中，不明确各层次的教学目标的功能和作用，那么，这个层次的目标就会与其他层次的目标混淆，就会对教师的教学过程造成一定的干扰，无法保证本层次目标的实现。所以，我们可以简单地将体育教学各个层次的目标理解为体育教学各个阶段目标的定位和教学目标的特点。如课时教学目标的功能就是明确本课时的教学任务和要达成教学目标需要采用的教学方法。

（2）制定各层次教学目标的主要工作

各层次的体育教学目标都有其需要解决的问题，每一个层次的教学目标都有其需要做的重点工作。因此，各层次的教学目标要能帮助教师更详细地了解本课时教学任务的重点和教学工作的着眼点。换言之，就是帮助教师了解在完成这一阶段的教学目标的过程中应该做什么事情、采用什么样的方法、达到什么样的效果。所以对体育教学层次的划分有助于教师对体育教学内容的梳理和理解，从而保证教学的质量，促进教学目标的实现。

（3）各层次教学目标的搭载文件

所谓搭载文件就是体育教学目标制定的依据和参考。不同层次的体育教学目标所选择的搭载文件也有所不同，这是因为不同层次的搭载文件的侧重点不同，如学段教学目标和学年教学目标的搭载文件中，就不会出现课时教学目标和单元教学目标的字眼，同样，课时教学目标和单元教学目标的搭载文件中也不会出现学年教学目标和学段教学目标的字眼。因此，体育教学中各个层次的搭载文件也是一个可以清晰辨别体育教学目标特征的依据。

3. 各层次体育教学目标之间的关系

（1）相互促进的关系

对体育教学目标进行的划分是按照体育教学发展的阶段进行的，如课时教学目标强调的是每一节体育课的教学，单元教学目标强调的是一个单元的体育教学，学年教学目标强调的是一个学年的体育教学，学段教学目标强调的则是整个教学过程中的体育教学。实际上这都是随着学生学习过程的不断变化而产生的。课时教学目标的完成促进了单元教学目标的完成，单元教学目标的实现促进了学年教学目标的实现，学年教学目标的实现又促进了学段教学目标的落实，因此体育学科各层次教学目标之间是相互促进的关系。

（2）包含与被包含的关系

对体育教学目标所进行的层次划分是按照教学过程的先后顺序制定的。因此，各层次教学目标之间存在包含与被包含的关系，如单元是由课时组成的，所以单元教学目标也是由本单元所计划的课时教学目标组成的。以此类推，学年教学目标是由单元教学目标组成的，学段教学目标是由学年教学目标组成的。所以，各层次教学目标之间是包含与被包含的关系。

三、体育教学目标制定的依据和方法

随着人们对体育教学重视程度的日益提高，体育教学目标成为体育教学过程中的重要因素，对体育教学目标的制定是体育教学对体育教师的根本要求。但是，体育教学目标的制定至今仍是体育教学研究的一个难题。不少学者和体育教学专家经过研究和科学的分析指出，要想制定出合理的体育教学目标，首先应该清楚体育教学目标制定的依据以及方法。

（一）合理制定体育教学目标的意义

体育教学目标的制定之所以受到广泛的关注，主要是因为体育教学目标在体育教学过程中发挥着非常重要的作用。任何一名体育教师在制定体育教学目标的时候，都应该对其有一个充分的了解和认识。合理制定体育教学目标具有以下重要意义。

1. 充分发挥体育学科教学的功能

体育学科教学的功能是通过体育教学目标进行明确和定位的，因此只有合理地制定体育教学目标，才能使得体育教师在教学的过程中明确要实现体育教学的功能。例如，加强学生身体锻炼的目标是帮助实现体育教学中的强身健体功能；快乐体育的教学可以实现体育教学激发学生学习兴趣的功能；等等。每一种体育教学目标都能促进体育学科教学功能的实现，如果制定的体育教学目标不合理，就不能充分发挥体育教学的作用，甚至还可能使得体育教学课程变得空洞，不利于体育教学质量的提高。

2. 确保体育教学目的的实现

体育教学目标的实现是实现体育教学目的的标志。因此，只有制定合理的体育教学目标，才能促进体育教学目的的实现，如提高学生的体能目标是健身目的的标志，让学生学好每一项运动技能目标是保证学生实践能力提高的标志。如果制定的教学目标不合理，那么就无法保证教学目的的实现；如果体育教学目标和体育教学目的不对应，那么就会使课堂教学目标和教学总目标之间存在差异，这样的目标就是一个失败的目标，当然也不能促进体育教学质量的提升。

3. 确保不同层次目标之间的衔接

总的教学目标是由阶段性的教学目标组成的，如果制定好每一个阶段的体育教学目标，就可以保证体育教学总目标的顺利完成。合理的阶段目标的制定能保证每个目标之间衔接的紧密性，从而促进教学总目标的实现。如果有一个阶段的教学目标制定得不合理，那么它与其上下阶段的教学目标之间将失去联系，阶段目标的总和与总目标之间也会存在一定的差距。

4. 明确和落实教学任务

在对体育教学目标概念进行阐述时，我们已经清楚了体育教学目标与体育教学任务之间的关系，明确了体育教学目标决定着体育教学任务的方向。目标就是体育教学方向的标志，但是只有标志没有行动，也无法保证体育教学目标的实现。因此，要有具体的体育教学任务支撑体育教学目标的实现。合理的体育教学目标有助于体育教学任务的明确，否则体育教学任务就失去了前进的指导方向，不利于体育教学任务的落实。

5. 规范体育教学过程

体育教学目标不仅指导着体育教学的方向，而且在体育教学目标实现的具体步骤和方法上也起到了规范的作用。体育教学目标实现的过程中，每一个步骤之间都有着紧密的联系，首先应该实施哪一步，再进行哪一步，这些都是靠制定阶段性的体育教学目标实现的。体育教学目标的制定过程就是体育教学过程的规范过程。因此，合理的体育教学目标有利于体育教师在教学过程中对教学步骤的控制，有利于实现教学过程的规范性和科学性。

6. 指引和激励教师和学生

体育教学目标反映的是教师教学的愿望和学生学习的愿望，明确了教师和学生努力的方向，当这种方向成为人们意识中的一部分的时候，就会形成动机和动力源泉。虽然有些教学目标并不是由任课教师制定的，但是合理的体育教学目标必能反映出体育教学的方向和学生学习的欲望。同时教学目标的制定能够帮助教师清楚地认识到教学效果与既定目标之间的差距，使教师激励学生发现和解决问题。所以，制定合理的教学目标可以激励教师和学生，保证教学目标的实现。

7. 形成检测教学成果的标准

体育教学目标是体育教学需要达到的教学效果，是判断体育教学任务是否完成的标志，因此，体育教学目标本身就具有很鲜明和可判断的标准，阶段性目标的达成与否是评价教师某个阶段的教学质量的标准。而总目标的达成与否是在教学过程终结时，根据学生所具有的体育活动的知识给予体育教学质量评价的标准。

（二）体育教学目标制定的依据

体育教学目标是体育教学过程的参考，是保证教学正常开展和实施的前提，因此体育教学目标的制定应有一定的依据，这种依据约束着体育教师对目标制定时的思想和方向，以保证体育教学目标制定的合理性。体育教学目标制定的依据有以下几点。

1. 国家的教育方针和政策

我国在制定体育教学课程的大纲时，是以坚持国家的教育方针和相关教育政策为基本前提的，体现了现阶段国家和社会对体育教学的总要求。制定的教学目标只有建立在国家教育方针和政策的基础上，才能保证教学大纲的实现，才能保证教学目标符合社会实际的需求。在此基础上制定教学的总目标和各级目标，便于形成完整的体育教学目标，促进体育教学的统一和完善，保证教学总目标和各阶段体育教学目标的科学性。因此，国家的教育方针和相关教育政策是体育教学目标制定的直接依据，也是体育教学目标制定的基础。

2. 学生身心发展的特点以及其他规律

学生是体育教学中的主体，是体育教学目标实施的对象，是体育教学过程中的重要组成部分。因此，在制定体育教学目标的时候，为了保证所指定的教学目标的科学性和有效性，应该以学生的身心发展特点以及规律为依据。体育教学本身就是一个十分复杂的学科，对学生的实践性要求又特别严格，如果教学目标的制定脱离了学生身心发展的特点和规律，那么就无法指导教学过程的完成，也就失去了意义。体育教学目标的完成程度主要是根据学生通过教学之后所达到的水平判定的，因此，体育教学目标与学生自身的特点有着十分密切的联系，只有适应学生身体发展特点和规律的教学目标才是切实可行的。所以，学生生理和心理发展的特点以及规律是制定体育教学目标的依据。

3. 体育教学的具体实际

体育教学的具体实际是保证体育教学目标完成的根本条件，同时也是制约体育教学目标完成的重要因素。虽然我国体育课程的开展和普及针对的是全国范围的学校教育，但是每个地区的发展情况不一致，并且地域之间的气候、教学条件也存在差异性，再加上教师的自身水平不同，因此，教学目标的制定也存在一定的差异。如一些教学条件相对较好、教师队伍专业水平相对较高的地区的体育教学目标，与教学资源匮乏、体育专业教师队伍缺乏地区的教学目标存在很大的差别。如果在教学目标制定的过程中，不结合教学实际情况，那么有些地区的教学目标将不可能实现。这就要求体育教师制定教学目标的时候必须从实际出发，充分考虑各地区的状况和教学条件。

4. 社会发展的需要

开展体育教学的目的是培养德、智、体、美全面发展的高素质人才，这也是社会发展的需要。任何一门学科的教学目标的制定都是围绕社会的发展需要进行的。学生首先是一个社会人，其与社会的发展息息相关，只有根据社会的发展需要制定体育教学目标，才能与时俱进地开展教学，保证教学的质量，提高学生的社会适应能力。如果在制定体育教学目标的时候没有围绕这一因素进行，那么所培养的学生将有可能不能适应社会的发展需求，最终被社会淘汰，因此说社会是评价目标完成效度的一个舞台，社会需求是体育教学目标制定的重要依据。

5. 教学内容

教学内容是体育教学过程中的参考，也是体育教学工作者制定体育教学目标的依据之一。教学目标的制定是为了保证实现教学目的，教学内容是教学过程的依据，因此教学内容也理所当然地成为教学目标制定时的依据。如果教学目标脱离了教学内容，那么教学目标就失去了实现的可能，不仅会使教学的方向发生改变，同时还会对教学造成一定的困扰，无法按照教学大纲的标准教学。如某一教学内容是开展对学生足球技能的培训，教学目标定为提升学生的篮球技能和技术，那么这样的教学目标就失去了意义，也不可能实现。为了保证体育教学目标的有效性，就必须根据体育教学内容进行教学目标的制定。因此，教学内容也是制定体育教学目标的重要依据。

（三）体育教学目标制定的方法

体育教学目标是指教学活动实施的方向和预期达到的效果，是体育教学活动的出发点和归宿，是教师对教学活动结束后，学生所达到水平的一种主观愿望。体育教学目标制定的方法如下。

1. 掌握体育教学目标制定的原则

无论是制定哪个学科或是哪个层次的教学目标，一般都要遵守“教学目标制定的原则”。就体育教学而言，在制定相应的体育教学目标时，需遵守以下四个原则。

（1）目标在体育教学场景中的原则

体育教学一定是在体育教学场景内实现的，体育教学场景外即使发生体育活动，也不属于体育教学。所以体育教学目标的制定一定要保证它的场景性，如与体育相关的知识、技能、战术等内容，都是属于体育场景内的内容。如果教学目标失去场景性，那么教学目标就失去了意义。

（2）目标包含努力因素的原则

教学目标是激发学生学习动力的一个方向和指导，如果教学目标不包含努力的因素，学生轻而易举地就能完成，那么目标就会失去其应有的激励作用。因此，在制定的体育教学目标中，一定要含有让学生能够通过一番努力才能达到效果的因素，这样才能对学生起到激励作用。

（3）目标的可选择性原则

一个合理、科学的体育教学目标必须是能够提供多个途径和多种渠道完成预期教学效果的，但是如果一个教学目标不具有这种可选择性，那么它就不是一个合理的教学目标，不利于学生的体育教学目的的实施。

（4）目标依托体育教材的原则

体育教材是体育教学目标制定的依据。体育教学目标不等同于教育的目标，不等同于教学的目标，也不等同于学校教育的目标。它们之间的区别主要表现在体育教学的目标是依托于体育教材制定的，完全脱离体育教材的教学目标难以与具体教学环节联系起来，也没有明确的方法指导体育教学目标的实现，因此，在制定体育教学目标时，应该坚持依托体育教材的原则。

2. 了解目标的两类表达方式

了解目标的两类表达方式是体育教学目标制定的方法之一。所谓的两类表达方式为：

其一，就是明确地告诉学生学习的结果是什么，这种表达方式一般用于知识和技能目标。

知识目标是指学生通过学习，初步地了解一些运动基本知识，并且能简单地描述这项运动的重点和应注意的事项。

技能目标是指学生通过对教师教学过程中的模仿和练习，掌握运动的基本技能，并清楚运动项目的技巧和运动方式。

其二，就是描述学生参与运动过程中的心理感受和态度，一般是学生主观产生的，难以用语言表达，只能通过行动进行判断，如情感态度和价值观，即情感目标。

情感目标是学生在参与某种运动项目的时候产生的一种心理和态度的变化，能够培养学生特定的意识和能力。

3. 深入探析教学目标的表达方式

要想制定出可操作性、科学性较强的目标，首先应该对以下几个问题有深入的了解。

（1）把握目标表述的四要素

目标表述的四个要素分别是行为主体、行为动词、行为条件和行为程度，这四个要素是目标表述时的常用语言，能够提高目标制定的严谨性，同时保证教学目标的科学性。

（2）明确教学目标的行为主体

教学目标的行为主体是学生，新课改以来，强调把课堂还给学生，那么在制定教学目标时，就应该把学生当作目标的主人，从学生的角度出发，改变表述的方式，让人们一看就知道其目标所针对的对象是学生，明确教学目标的指向性。

（3）恰当地使用行为动词

行为动词用于描述行为主体形成的具体行为，在使用行为动词的时候，应该思考行为动词所表达的不同层次以及教师对不同内容的教学要求，以及学生对知识的掌握情况。在教学目标的制定过程中，恰当地使用行为动词，能够提高教学目标的可操作性、可测量性和可观察性。

（4）说清表现结果可能产生的情形

表现结果可能产生的情形，即教师对教学的愿望，实际上就是期待学生达到的效果。在制定教学目标时，主要从两个方面对结果产生的情形进行说明。一是对影响结果产生的条件或者界限进行说明；二是对教学行为所达到的程度进行说明。在教学目标的实际制定过程中，由于学生之间的差异性较大，因此在教学结果的描述中可以使用一些表示教学程度差异性的词语。由此可以看出，教学目标是以教学结果为底线而制定的。

教学目标的制定是保证教学过程科学性和有效性的依据，应该引起教育工作者的重视。制定体育教学目标时，应认真地对体育教学相关的因素进行分析和考察，借鉴成功的教学目标制定的过程和方法，严格按照教学目标制定的依据，保证教学目标的科学性，便于目标的实现和教学质量的提高。

第三章 体育教学的原则

第一节 健康性原则

一、健康性原则提出的背景

（一）“健康第一”的含义

影响个人健康和寿命的四大因素：生物学因素、环境因素、卫生服务因素和行为与生活方式因素。

1. 生物学因素

生物学因素是指遗传和心理。人是由分子、细胞、组织、器官和系统构成的超高度复杂机体，影响健康的生物学因素包括由病原微生物引起的传染病和感染性疾病，某些遗传或非遗传的内在缺陷、变异、老化导致的人体发育畸形、代谢障碍、内分泌失调和免疫功能异常等。遗传不是可改因素，但心理因素具有可塑性，保持积极的心理状态是保持和增进健康的必要条件。

2. 环境因素

环境因素包括自然环境与社会环境。所有人类健康问题都与环境有关，污染、人口和贫困是当今世界面临的严重威胁人类健康的三大社会问题。社区的地理位置、生态环境、住房条件、基础卫生设施、就业、邻居和睦程度等，都不同程度地影响着社区人口健康。社会环境涉及政治制度、经济水平、文化教育、人口状况、科技发展等因素，良好的社会环境是人民健康的根本保证。

3. 卫生服务因素

卫生服务的范围、内容与质量直接关系到人的生、老、病、死及由此产生的一系列健康问题。

4. 行为与生活方式因素

行为是指人们受文化、民族、经济、社会、风俗、家庭和同辈影响的生活习惯和行为。生活方式是指在一定环境条件下所形成的生活意识和生活行为习惯的统称。不良生活方式和有害健康的行为已成为当今危害人们健康、导致疾病和死亡的主因。

由以上分析可见，在学校教育中要树立健康第一的基本理念，必须有大健康观和系统意识，即学会用系统的科学观和方法论看待健康问题。首先，要树立宏观的整体健康的思想，从增进学生健康的大局出发，对学生健康问题进行综合分析、灵活设计，注重引导并贯彻到学校教育的各个环节，全方位、分层次、多渠道挖掘学校健康工作的实效性。其次，要把学生健康工作与社会大环境、家庭环境以及学校环境相结合。

（二）“健康第一”是学校教育的宏观战略目标

健康第一作为实施素质教育的宏观战略目标之一，体现了党和国家对促进我国青少年身心健康的重视。健康第一是贯彻我国教育方针的需要，是适应教育发展规律的需要，是青少年生理、心理的需要。教育的本质属性，简言之，就是根据一定社会的旨意所进行的培养人们活动或者说是培养人的过程。教育就是要培养适应社会需要、身心全面发展的人。

（三）“健康第一”，不是“健康本位”

“健康第一”在学校体育中并非“健康本位”，也不是要淡化竞技体育。“健康第一”是针对实现学生身心发展的地位和作用而言的，其科学的含义是指健康在青少年身心发展中居于核心地位。身体健康之所以如此重要，是因为人的心灵是有机体演进的结果，是有机体的一种功能。在学校体育中贯彻“健康第一”并非“健康本位”，若把“健康第一”理解为学校教育这一总概念之下的学校体育的指导思想，宏观上固然没有错，却容易导致形成学校体育“健康本位”的片面观点，这种观点显然只注重或者说只突出了学校体育的部分功能。因为每门课业都应顾及学生的思想、文化、身体的现状与可塑性，可以有所侧重，却不能有所偏废。学校教育的德育、智育、体育、美育、劳动技术教育是统一的整体，落实“健康第一”不可能仅靠几节体育课和学校的体育活动就能使学生的健康水平得到提高。现在学校体育不能缺少竞技运动，而竞技运动也只有在教育之中，才能充分发挥其本身的文化机能。也就是说，竞技体育作为一种文化，应该也可以在学校教育中得以继承和传递。竞技体育中那种不断超越自我的意识，以及它对人的教育和社会化作用、对个性发展和审美意识的培养等，在学校体育中有着不可替代的积极作用。所以说，学校体育应该包含竞技体育，在体育教学中应根据青少年特点对竞技体育项目加以大胆改造，吸取竞技体育中的有益部分，摒弃竞技体育中纯商业化、专业化、成人化倾向，使竞技体育更好地为实现学校体育的目标服务。

（四）“健康第一”的学校体育关注“全人”教育

“健康第一”的学校体育应该是既关注“全人”的教育，又对健康有特殊的贡献。学校体育对促进学生身体正常发育和增进学生在身体、心理和社会适应能力方面健康发展的作用毋庸置疑。因为这一独特的作用，学校体育在学校教育“健康第一”的基本理念下更是被推上了前台。其实，作为学校教育重要组成部分的学校体育，在“健康第一”的指导思想下，它的目标不仅是增进学生健康，更是要发挥体育在教育中的独特作用。

教育本质上是一种唤醒人的生命意识，启迪人的精神世界，建构人的生活方式（物质的和精神的），以实现人的价值的生命活动。

由此可见，“教育是属于人之为人”的活动，教育的根本问题是“育人”。培养人是教育的根本职能，是教育的本质所在，这决定了人的问题是教育的中心问题，决定了人是教育最基本的着眼点，教育的直接目的是满足人自身生存和发展的需要，促进人的自由、全面发展是教育的最高目的。从根本上讲，教育应当把人作为社会的主体来培养，而不是把人作为社会的被动客体来塑造。体育的真谛与要义就在于它是获得属人的生命，所以，体育本身就是人类所特有的生命活动。正是因为有体育的相依相伴，人类才在物种的进化中获得了得天独厚的优势，获得了自身生命不断超越的智慧和能力。可以说，通过体育凸现生命的价值是人类的发明。学校体育就其生存地位和形态而言，具有双重属性。体育具有社会价值、社会目的，即充当促进社会发展的工具，同时体育又是人为的，也是属人的，所以体育的终极目标应该是为人的。学校体育应关注“全人”的发展，关注学校体育与人的成长、发展的关系，关注个体生命的成长，关注生命活动的释放、生命情趣的体验和生命的价值取向等等。在此，学校体育的问题，就是怎样最有效地培养人的多方面的活动能力，并使其按自身的特点和整体一致性的方式发展他的能力。体育只有确立人本意识和生命意识才有意义，任何缺乏对“人”的问题关注的学校体育都背离了教育的“育人”宗旨，必将使得学校体育沦为一种教授之术或操作技术，而无法承担起学校体育的历史重任。

“健康第一”的学校体育应定位于培养“全人”，但又有突出点。它一方面说明学校体育是以增进人的健康和娱乐为目的，以人体运动为基本手段，给人以丰富生命感悟的身体活动和审美体验活动，是生命活动的展现和人的本质力量的凸显；另一方面说明学校体育的理念应当是一种以寻求人的生命本质为基础，以尊重人的生命尊严和价值为前提，以人的生命的整体性、和谐性为目的的观念，是一种体现以人为本的观念和精神追求，是一种包括体育认识、体育情感、体育价值、体育道德、体育能力在内的体育素养的培养。由此可以说，体育的整体教育与价值问题不仅是一个一般的健康或竞技问题，学校体育作为培养人的活动，还是感化、启发、引导人的活动。体育的目标在于人的自我满足，在于身体的自由舒展，在于使身心得到愉悦。学校体育关心的不只是让学生掌握知识、增强健康、提高技能、达标等外在目的，也应关注学生的需要、情感、意志、个性、特长、生命、生活，关注学生的人生境界、生存质量及发展前景，这应是学校体育的理想追求。

二、健康性原则的概念、依据、要求

（一）健康性原则的概念

健康性原则是指在体育教学中必须围绕增进学生健康这一目标来开展教学。从教学内容的确定到体育教材的选编，从教学方法的选择到教学手段的运用，都将渗透这一原则。在体育教学中，教学的重点不仅指向学生的身体发展，而且更要指向学生的心理发展与完善，促进学生身心协调健康地发展。过去对体育教学偏重于生物观，现在要从心理学的、社会学的、生物学的角度去全面认识体育教学。

（二）健康性原则的依据

1. 健康的内涵

最初在人的意识里，认为作为一个生物人无非是生理方面的健康，即体质很好，生长发育正常，没有疾病，这就形成了单纯的生物健康观。后来人们认识到心理方面的健康也很重要，健康的人必须是智力发育正常，精神、情绪、意识方面均处于良好的状态，于是就提倡身心健康全面发展。后来发现还不够，又加上了社会学的属性，如善于与人合作、集体观念、对社会的适应能力等。最后形成了生理、心理、社会三种属性为一体的三维健康观，三种属性相辅相成、相互促进、不可分割。世界卫生组织对健康的定义也是建立在三维健康观的基础上的，健康不仅仅指没有疾病或不虚弱，而是生理方面、心理方面、社会适应方面完全处于良好状态。

2. 素质教育的基本要求

教育要为我国的经济和社会发展培养各级各类的合格人才，而合格人才的集中反映是全面发展，全面发展所包含的内容有体育、智育、德育、美育、劳动技术教育等。因此，作为教育的重要内容，体育在教育中必将担负起发展学生身体素质、增强学生体质的任务，而强健的身体不仅是实现智育、德育、美育、劳动技术教育的手段，同时也是教育本身所追求的目标之一。素质教育是以促进人的身心和谐发展，提高人的综合素质为目的的。素质教育的提出，进一步肯定了学校体育的作用，身心素质是公认的基本素质之一，因此学校体育必然成为素质教育的重要内容。而健康的获得离不开身心基础，WHO 对健康的描述正是构筑在身心这一基石上的，把健康性原则作为学校体育的教学原则，不仅强化了素质教育在学校体育中的地位，也是对素质教育的重要补充。

3. 健康性原则既是学校体育的出发点，也是学校体育的归宿

它是衡量学校体育成败与否的基本标准，培养身体健康、体魄健壮的学生是学校体育各阶段的根本任务，要实现广大学生体质状况的明显好转，提高新世纪祖国建设者和保卫者的身体素质，健康性原则是实现这些目标的理论前提。健康性原则是对整个学校体育体系提出的一个基本要求，也是全体学生全面发展的基础，贯彻落实健康性原则也是对学校体育任务的一个高度概括。学校集中了数以亿计的未来社会的栋梁，他们所需要的健康体魄必须在学校里打下坚实的基础，而学校体育正是保证他们拥有强健身体的有效手段。同时，学校体育目标与健康性原则有必然的一致性，健康所包含的身心和谐发展，也是体育的根本目标。

（三）贯彻健康性原则的要求

1. 重构学校体育内容

从客观上分析，学校体育包括体育教学、课外体育活动（包括早操、课间操、课外体育锻炼、运动训练和竞赛）等内容，其中体育教学是学校体育的重心。但在实际操作过程中，由于体育教学组织和评价的复杂性，学校体育的评价中突出的是运动训练和竞赛（特别是竞赛）这一在评价中最具客观性的内容。因此，各类学校将重点转移到运动训练和竞赛方面，与之相适应的各类竞赛活动层出不穷，本是用来促进学校体育发展的运动会反而成了学校体育发展的阻碍因素，各级各类学校投入大量的人力、物力和财力来应付各类竞赛活动，学校体育组成部分（形式）的体育课，对贯彻健康性原则只能起一个引导作用；而且运动训练和竞赛不可能照顾到绝大多数学生。因此，学校体育的重心应由体育教学或运动训练转向课外体育锻炼。各级教育（体育）行政主管部门应加大这方面引导和管理的力度，从教材选编、组织管理、评价等多方面加以指导。

2. 改变传统的教学模式

无论是哪种形式的体育教学改革，都没有从根本上改变过去那种“传习式”的教学方式，改革只是在教学手段、教学组织形式等方面。要使教学变成“学生要学什么，教师就教什么”这样一种教学模式，学校体育重心由课堂体育教学转向课外体育活动后，学生有更大的自由度，有更大的自由选择内容、方法、手段的空间，学生学会1 ~ 2项终身享用的体育项目就可以了。因此，体育教学应为课外体育活动服务，而不是相反，长期以来，课外体育活动成了课堂体育教学的补充和延伸，严重影响了学生积极参与课外体育活动的主动性。

健康性原则要求的对象是学生，而不是教师；贯彻健康性原则体现在学校体育的整个体系中，而不是其中的某个方面。目前，我们的学校体育在教材选编、组织管理、评价等多方面考虑的大都是教师要求怎样，对学生只是满足达到怎样一个身体评价指标和运动技能要求，这种追求客观的所谓量化标准，在某种程度上起到了促进学生积极练习的作用，但更大程度上使学生产生了一种以这个量化标准为目标的思想，影响了学生的发展。因此，要贯彻健康性原则，就必须促使学校体育重心由体育教学向课外体育活动转变。学生的体质、身心健康应成为衡量学校体育卫生工作质量的最重要的指标。

3. 面向全体学生

作为被教育者，每一位学生都同样有接受教育的权利，作为学校教育的一部分，学校体育也不例外，它需要面向全体学生，健康性原则更是要求学校体育的对象是全体学生。长期以来，学校教育以“应试教育”为主，应试教育的实质是一种“精英教育”，在教育过程中不断淘汰落后者，学校体育也不例外地受其影响。学校体育以竞技运动为主体内容，从教学内容的选择、教学方法的运用到学校体育工作的评价，都是以竞技运动为主要标志，特别是运动竞赛成绩在很大程度上作为衡量一个教师、一所学校体育工作成绩的主要评价指标，使得体育教师和学校将大量的精力投入运动训练和竞赛方面。对绝大多数学生而言，掌握相关的竞技运动技术固然必要，但事实上，他们并不都有要求掌握那些可望而不可即的运动技术的欲望，其难度大、要求高，使学生对体育课有一种畏惧的心理，并且这对学生的健康成长也不一定是有利的。面向全体学生，不是要求教师或学校对每一个学生应用同样的要求或标准，而是要根据学生的实际健康水平和身体情况，有针对性地运用不同教学手段。与此相适应的竞技运动训练和竞赛也应根据不同的运动水平来安排，使广大学生都能体验到运动竞赛的乐趣；同时，通过学校体育重心的转移，使学生们在课外体育活动中不仅能体验到运动的乐趣，更能使他们得到健康的身体。

4. 以“健康第一”为主流价值取向的学习评价

以“健康第一”为主流价值取向的体育课程与健康课程学习评价体系发生了重大的转变，评价内容转向多元化，评价方法呈现多样化，评价形式民主化。新课程中的评价内容有学生的身体状况、体能健康测试、知识技能、学习态度、积极参与运动的行为、运动习惯、意志品质、自信心、情感状态，真正体现体育课程与健康课程学习面向全体学生的基本理念。评价方法上注重绝对性评价与相对性评价、终结性评价和过程性评价相结合。通过将学生每学期结束时的终结性评价结果与入学成绩进行对照，发现每个学生一个学期学习体育课程进步的幅度。相对性评价有助于学生建立起体育课程学习的自信心和自尊心。过程性评价是通过各种评价方法，如体育教学日记或课程小结等，经常对学生学习的各个方面进行若干次评定，并将结果及时反馈给学生，对体育教学具有反馈作用。评价形式采用教师和学生都参与评价的形式。学生自我评定是针对运动技能、态度、情意表现与合作精神等进行的综合评定；组内互相评定是由学生对组内各个成员进行综合评定；体育教师评定由体育教师对照身体素质、运动技能、运动能力的评价进行综合评定。能否实现以“健康第一”为主流价值取向的体育课程目标，体育课程评价是其中的一个重要方面。学校应该建立促进学生全面发展的评价体系，合理科学地评价学生学习体育与健康课程的效果，使课程评价成为促进学生更好地进行体育学习和积极参与体育活动的有效手段，真正实现“健康第一”的终极目标。

第二节 主体性原则

一、主体性原则提出的背景

主体性应是人的根本属性之一。主体是指认识、实践活动的有目的的承担者，是具有能动性的人；客体是认识、实践活动所指向的对象，是客观存在的事物或现象。主体与客体是相互规定的，离开其中任何一方，另一方也不复存在。活动的主导是主体，客体对主体具有制约作用。针对教学的根本目的是促进学生的发展，学生是自身学习和发展的具有能动性的人，针对现实中以“教师为中心”的倾向，强调学生的主体地位是顺理成章的。从教师是教学活动目的的确定者、教学活动过程的支配者这个角度看，教师是教学过程的主体是合理的。然而，从教学过程是师生双边活动的过程来看，不论教师主体、学生主体，还是平行双主体，又都有不足之处。相比较而言，复合主体的观点较为合理，一是教学过程是教与学密切联系的双边活动过程，教师、学生都是教学活动中具有能动性的人；二是教师的教与学生的学相互依存、相互制约、相互促进，构成统一的整体，共同指向教学活动所指向的对象——客体，通过对客体的学习、认识，促进学生的发展。在教学过程中，教师、学生往往也互为认识的客体和主体。只看到一面，过分强调一方，而忽视另一方，是有失偏颇的，把教学主体看成复合主体有助于防止这种片面性，有助于防止一种倾向掩盖另一种倾向。

主体性教学是近年来的热点课题之一，是从“学生既是教育的对象，又是教育的主体”这一命题衍生出来的，它是指具有发展学生主体性功能的教学，侧重点放在学生身上。这种理解从“纠偏”的意义上说是可以理解的，但从教学原理层面上看似有欠缺。从教师和学生构成教学过程复合主体的认识出发，主体性教学是指教师在学生主动性的基础上充分发挥“引导”的主体作用，使教学活动具有发展学生主体性功能的作用。主体性是主体区别于客体的本质特征，它表现为：

第一，自主性，即主体支配自己的意识和能力。能自己确定目的，并为实现所确定的目的而进行活动；能自主地选择活动的方式，自己掌握活动的过程；能在活动中进行自我监控和调节。这种自主性，教学活动中的教师和学生都是相对的。教师固然有较大的自主性，学生在受控的范围和程度内其自主性较低，但是，教育的本质属性是定向培养人的活动，教学活动的方向、目的、内容等都有一定的规定性，师生都是在这个规定性的幅度范围内自主地进行活动。

第二，主动性，或称能动性，是对现实的选择。对外界适应的能动性，表现为成就动机、竞争意识、兴趣、求知欲、社会适应性等。

第三，创造性，表现为独立思考、求新求异、创造性思维和想象、动手实践能力等。

可以说，主体性教学是具有发展师生自主性、主动性和创造性功能的教学。

（一）师生互为主体是主体性教学的内在要求

主体性教学是指以培养与发挥人的主体性为价值取向，以发挥师生的积极性、能动性和创造性为前提，以创设平等、民主、和谐的教学环境为条件，以知识为载体，师生主动参与、共同发展的一种新型教学观。它强调教师作为主体在教学过程中的主导作用，强调学生作为主体的主动参与和自我发展，使二者的主体作用得到最大限度的发挥，是一种互为主体的教学，也是一种双向互动、学创结合的教学。

在主体性教学活动中，教师和学生都是教学活动的主体，彼此之间是一种主体与主体的关系，体现为主体间性，是对个人主体性的超越，是师生两个主体在教学交往过程中所表现出来的以“互为主体”为中心的和谐一致性，其本质上是对象化活动的交往关系，是人与人之间的互为主体关系。实现这一关系的主体间性教学是在探讨主体间交往的经验，围绕学生—文本—教师的对话这一焦点，展开自己研究的新维度。可以说，主体间性教学作为课堂教学改革的新范式，具有以下特征：一是教学过程的“交往”性。教师与学生的交往是主体间的“主体—主体”模式，即“我—你”关系，而非“主体—客体”模式，即“我—他”关系。二是教学对话的平等性。主体间是互相沟通的，是一种心灵对话而非知识与认识的堆积。对话中任何一方都不拥有话语“霸权”，但都有自己的话语权力；都不能够保证对话会指向何处，但都是以自己的经验去解读对方。对话又是一种灵魂的教育，它意味着主体间追求无限广阔的精神世界，追求人类永恒的终极价值：智慧、美、诚信、自由、希望、爱以及建立与此有关的信仰。三是课程的“人化—整合”性。师生双方通过教学互动发展自身的主体性，实现人与自然的协调与融合，使教育回归到“生活之界”。主体间性教学倡导师生互为主体，是主体性教学的最高形态和内在要求，它将为教学创新提供一种“生命源”和“再生点”。

（二）师生互为主体是实现教学互动的条件

教学作为教师传授知识和学生学习的活动，是师生以知识为载体进行相互交流、相互沟通、相互启发、相互提升的活动。教学作为一种科学、哲学，是在人本理念下对现有知识和文明的理性反思与批判，从而给人以物质的满足与智力的牵引，这是以尊重和确认教育者与受教育者的主体地位为前提的一种互动，进而促进教育者与受教育者主体性的发展。为了打破现有的模式化教学方式，真正实现两个主体的充分发展，必须促进教学的双向互动，“使师生的生命力在课堂上得以发挥，使教学过程本身具有生成新因素的能力，具有自身的师生共同创造出的活力”。而这种教学的良性互动真正实现的前提就是师生互为主体的真正实现。

从教学的过程看，互为主体是教学互动的前提。过去单一的“师本”或“生本”的教学理论是一种不符合教学内在规律、脱离实际的理论。教与学的过程是两个主体间精神交往的过程，是生命对话的过程，是共同提升的过程。互动是以差异性为基础，以承认两个主体为前提，以自由、平等为条件，以积极主动参与为关键的师生交往的过程，通过知识媒介，师生实现了“主客体的双重契合”，教师和学生都是具有主体性的能动主体。

从“主客体的双重契合”实现状态来看，这一过程就是教学实践的主体与实践的客体相互转化、相互创造的过程。教学创新应注重教学模式的创新，学生的创新精神和创新能力既需要教师的点拨与培养，又需要自我的生成与展现。一方面，在教学中，教师是主体，其主体性的发挥在于设计教学、发动教学、组织教学、引导教学，维持教学活动的延续。此时的师生关系是特殊主客体之间的交往关系，教师在教学过程中与学生进行心理交融，帮助和引导学生建构与完善自身的智慧和品质。另一方面，在学生的学习活动中，学生是主体，是自己学习活动的发动者与维持者，而非外界强加的结果，此时的教师与学习的内容是学生学习和作用的对象。教师是学生模仿、学习、批判、吸纳的对象，这促使教育者从“燃烧了自己，照亮了别人”转换为“培养了别人，提升了自己”。然而教与学的过程不是孤立与对立的，而是相互依存、相互配合的过程，二者在动态的过程中实现了有机的统一，使教与学形成了一条不可分割的“铁轨”，静态的互为主体与动态的双向互动促进了教学相长的最终实现。

二、主体性原则的概念、要求

（一）主体性原则的概念

主体性教学原则是指在体育教学过程中，学生始终是体育学习的主体，教师的一切活动应根据学生主体的需要和特点来安排。学生主体应在教师的指导下积极主动地参与教学活动，充分发挥学生主体的独立性、主动性和创造性。

（二）贯彻主体性原则的要求

第一，体现主体教育的发展性教学，是在现代教育观念指导下，以学生为主体，通过学生主动学习，促进主体发展的一种教学思想和教学方式。在贯彻学生主体性教学原则时，教师要转变观念，树立以学生为主体、“以生为本”的教学观，尊重学生的主体地位和主体人格，培养学生的自主性、主动性和创造性。

第二，体育教学领域中学生的主体参与程度直接影响着教学效果，学生主体参与意识越强越有利于动作的形成与巩固。因此，在体育教学领域内，根据学生的身心特点，发挥学生的积极主动性，促进学生的主动参与，已经成为体育教学的新时尚。主体性体育教学就是要体现学生的主体地位，发挥学生的自尊、自信以及进行自我监控、自我调整的主体作用，激发学生的主体意识，让学生主动参与教学活动。主体参与意识就是要诱发学生的主体意识，提高学生自知、自控、自主的参与程度，发挥学生的主体作用，展示学生的主体人格，体现学生的主体价值，让学生在参与中学会学习、创新与合作。体育教学中，要积极调动学生的主动参与精神，让学生主动地参与锻炼和练习，积极思维，产生学习体育的欲望，做到人人都有学习的欲望，人人都有参与的热情。教师要把握好学生参与的时机，选择适合于学生参与的内容，教学的每个环节都要精心设计，让学生尽可能地参与。同时，还要培养学生的主体意识，发掘其自身价值，使其进行自我教育和自我调控，实现自我价值。

第三，现代教学思想强调学生的经历、经验和体验，尤其是引导和帮助学生获得成功的积极情感体验，这有利于促进学生良好的个性发展，在体育锻炼上达到真、善、美的统一，为终身体育打好基础。在体育教学中，应为学生创设成功的机会，使学生获得成功的体验、享受成功的喜悦，激发学生的求知欲和学习动机，发挥学生的主体作用。体育教学的成功受学生自身运动基础和生理条件的影响很大，学生的兴趣和爱好也各不相同，教师要根据学生的差异，因人而异地安排运动项目，调整运动强度和锻炼时间，给学生足够的自主权，使其最大限度地发挥学习的自主性。体验成功的策略：一是相信每个学生都能在体育上有取得成功的条件；二是通过各种体育活动充分信任、关怀、引导学生取得成功；三是创设良好的体育的硬、软环境为学生在体育上取得成功创造条件。

第四，在体育教学中，教师要承认学生的个体差异性，重视学生的个性发展。差异是客观存在的，不同学生有不同的成就感，学生的体育基础、兴趣爱好及生活经验各不相同。面对有差异的学生，体育教师要最大限度地发现、利用、挖掘他们在体育上的潜能，实施有差异的教学，从个性差异中发现学生作为单个个体的独特性，使每个学生都得到有效的发展。促使差异学生发展的策略：一是要注重感情投资，消除体育活动中的感情障碍；二是运用积极归因，转变认识；三是实行开放式教学，让不同基础的学生在体育上都有提高；四是了解差异所在，进行分类指导；五是利用成功体验提高动机水平。

第三节 兴趣性原则

一、兴趣性原则的概念、依据、要求

（一）兴趣性原则的概念

兴趣性原则是指在体育教学过程中，要充分激发和培养学生的体育兴趣，在体育实践中有意进行强化、引导，充分挖掘学生的体育潜能，使这种动力保持长久，形成坚持体育锻炼的习惯和终身体育的意识，使体育教学得以顺利进行，圆满完成教学任务。

（二）兴趣性原则的依据

1. 兴趣是人们积极地接触、认识和探索某种事物的心理倾向

这种心理倾向表现为对某种事物的预先注意和积极、肯定的态度以及力求去认识，而体育兴趣就是积极认识体育运动或从事体育运动的心理倾向。教学的本质不在于传授本领而在于激励、唤醒、鼓舞，兴趣是最好的老师，学生的学习兴趣直接影响着学生的学习行为和效果；学生能否通过体育与健康课程的学习形成体育锻炼的习惯，兴趣发挥着非常重要的作用。传统体育教学模式虽然也能完成教育的基本任务，但在激发学生体育学习和活动的兴趣、促进学生主动参与体育活动等方面却很难说有多少积极的作用。

2. 学习理论

现代学习理论认为，影响学生学习的因素不仅有智力因素，还包括非智力因素，而且非智力因素（如动机、需要、兴趣、情感、态度等）在学习中的作用甚至超过智力因素，其根本意义在于它的动力作用，所以在体育学习中应把体育兴趣的培养放在首位。

3. 终身体育要求

运动兴趣是实施终身体育的基础，并对终身体育的实施具有巨大作用。兴趣在人的生活中起着重大作用，它是获得知识、开阔眼界、丰富心理生活的巨大动力。幼儿及童年时期，对某种事物的兴趣可以转化为将来从事某种专业学习和研究的兴趣。同样，运动兴趣的形成也可以对今后终身主动参加体育锻炼起到准备作用。运动兴趣对正在学习的体育知识、技术和技能起推

动作用，人们对于感兴趣的活动，可以持久而集中地注意，从而保持清晰的感知、周密的思考、牢固的记忆。也就是说，一旦对体育运动产生了兴趣，即使在当前或今后遇到困难，人们也会努力去克服，同时还会产生愉快的情感体验，以至终身都能够积极主动地坚持体育锻炼，使得精力充沛、身心愉悦，乃至终身受益。运动兴趣对终身体育的实施具有促进作用，运动兴趣可以使人在不断进行体育锻炼和接受体育教育的过程中开阔眼界、丰富自我，促进创造性运动能力的发展，在积极主动地进行体育运动时能达到自我锻炼、自我监督、自我评价、自我实现、自我发展的效果，从而能进一步从参加体育锻炼中更大、更快、更好、更久地获益。

（三）贯彻兴趣性原则的要求

第一，激发学生的直接、间接体育需要。需要是兴趣产生的基础，当学生对某种体育活动（项目）感到有学习或参与需要时，就会发生某种兴趣。直接体育需要是指学生直接对某项体育活动的自身价值（如趣味、娱乐、竞技、健身、健美等）所产生的一种渴求趋势，即因某种体育活动本身的吸引力而想探究（学习）或参与的一种愿望（需要）。学生一旦有了这种体育需要，就会对其所渴求学习或参与的体育活动产生极其浓厚的学习与参与兴趣，表现出极大的学习与参与热情和意志努力。间接体育需要，目前人们主要通过让学生充分认识体育锻炼对健康、学习、升学、就业等方面的必要性，使学生感到参加体育锻炼的需要。这也是激发学生体育需要的有效方法之一。因此，在体育教学中，是否能充分满足学生的直接、间接体育需要，直接影响着学生体育兴趣的激发与培养。

第二，教师应广泛了解学生的兴趣，并在此基础上针对个体的不同兴趣来选择和安排多样化的教学。由于长时间单调的刺激容易引起超限抑制，单调、枯燥的练习容易使学生感到厌倦和乏味，因此，教学手段的多样化对于提高学生的体育学习兴趣具有十分重要的作用。通过灵活变换教学手段和练习形式来激发学生的体育学习兴趣，是目前较多采用的方法之一。使教材内容丰富多样，以便尽可能地满足学生的不同兴趣，进而培养学生的体育兴趣，是近年来体育课教学中培养体育兴趣的又一做法。

在教学中还必须改变以往的以运动技术为核心，枯燥、单调的教学模式，采用灵活多变的、切实可行的教育方法。各种教学要求应使学生只要通过努力就能达到。采用能够充分展示学生能力，又能让学生学得活、用得活的方法，使学生对每次课的练习都有一种新鲜感和快乐感，也可以降低某项练习的标准和要求，让每个学生都有机会获得成功的体验。

第三，根据学生的兴趣爱好进行分组教学，是目前我国体育课教学中培养学生体育兴趣的尝试性做法。其主要特点是，在每次课中安排一定的时间（一般在课的后半部分），让学生根据自己的兴趣选择项目并分组练习。这种做法由于首先考虑到了学生的兴趣爱好，并在每次课中有机会使学生对自己所喜爱的项目进行反复练习，因此可有效促进学生体育兴趣的形成与发展。

第四，考核与评价科学化。以往的体育考核基本上是统一项目、统一标准，学生的身体状况、体育基础、运动技能水平各不相同，而用同样的标准进行考核，显然不够科学。我们经常遇到这样的情况，在某个项目教学以前，有的学生几乎不需要怎么练习就可以及格，甚至达到良好、优秀标准，而有的学生即使刻苦练习也很难及格，这样便影响了他们的积极性。《义务教育体育与健康课程标准（2022 年版）》对体育课的成绩考核与教学评价做了重大的改革，以考核学生的学习态度和教学中的表现为中心，突出考核的激励机制，把过程评价与终结评价，定性评价与定量评价，教师评价与学生自评、互评结合起来。根据这一思想，在执行中，首先必须打破过去的统一标准，充分考虑到学生的努力程度与进步幅度，使人人都能体验成功，增强学习兴趣。其次，打破过去统一的考核项目，允许学生在一定范围内根据自己的兴趣、特长选择考核项目，学生通过努力学习，既可以发展特长、提高兴趣，又可以取得良好的锻炼效果与理想的考核成绩。

第五，创设体育环境、举办讲座。学校创造良好的体育文化环境，可以加深学生对体育的了解，从而激发学生的体育兴趣。体育环境包括运动场馆的建设，体育墙报和黑板报等宣传栏的设置，校园广播体育专题内容、介绍近期国内外的体育动态，学校传统体育项目的开展与普及，学校和班级中体育教师的数量及在校师生的运动着装等，这些对学生体育兴趣的培养均起着潜移默化的作用。利用课余时间定期举办一些体育知识讲座，可以强化学生的体育意识。其内容可以包括奥运史、亚运史、中外体育发展史、各项比赛的规则和裁判法、运动训练中的医务监督、体育锻炼的自我保护。另外，还可以收集一些融知识性、趣味性于一体的体育素材，举办专题讲座，讲授丰富多彩的，有教育性、趣味性的体育知识，可以激发学生的求知欲，便于培养学生的体育兴趣。

二、兴趣性原则下体育课分项教学

（一）体育课分项教学的现实意义

1. 学生充分发挥自主性，选择自己喜爱的项目

在体育教学中，培养学生的体育兴趣的重要目的是提高学生参加体育课的积极性。一个对体育课不感兴趣的学生，他会因为体育活动需要付出较多的体力而感到枯燥无味、又苦又累，在这种情况下极易产生疲劳或厌倦感；反之，如果他对体育课有着浓厚的兴趣，在学习中必然精神饱满，积极主动地把“要我练”变为“我要练”。因此，在体育教学中培养学生的兴趣不仅是完成教学任务的需要，也是为学生终身体育打好基础。激发学生兴趣的途径很多，但最根本、最有效的途径是从教学内容着手。学生凭爱好和兴趣来选择自己喜爱的项目，这体现出自主性，他们会自觉地从严要求自己，听从教师的正确引导，以积极的态度参与，投入体育锻炼之中，对自己选修的项目有自信心和责任感。因此，在中学阶段开展分项教学，能给学生带来身心上的满足和愉悦，有利于他们个性的健康发展和体育锻炼习惯的形成，有利于塑造他们良好的道德品质。

2. 为学校各项体育比赛选材提供便利

体育比赛是体育教学中不可缺少的重要部分，它给学校体育注入了新的活力，丰富了学校的体育活动。现在在省、市里经常举行体育比赛，而学校对成绩也看得比较重，所以对于带队教师来说，选择优秀的队员很重要，难度也很大。学校进行体育课分项教学后，这一问题得到了很大的改善，对于不同的运动项目都有单独的教学班，直接在班级里就很容易选好人。这主要是一方面教师对学生的情况了解，另一方面，选项班肯定有此项目的拔尖人才，所以说分项教学为选材提供了便利。

3. 内容更加丰富

根据不同项目的特点与现状，对原教材内容重复、容量过大、技术要求过高、统一得过死等弊端进行了大胆的充实与删改。在教材编配上力求优化组合现代教学最迫切、最需要，社会最欢迎、最有价值，学生最喜欢、最投入的内容，并注意教材的可操作性和时行性，特别注重对组合技术的教学，

加大组合技术教学的比重，避免反复练习单一技术，以提高学生的实际应用能力。

4. 有利于充分发挥教师专长和在教育中的主导作用

每个教师在上大学时都有自己的专长，金无足赤，人无完人，每个人并不是什么都能学得好、学得精，教师也不例外。体育教师不可能将所有的项目发挥到极致，但每个体育教师都会有几项自己擅长的项目。在分项教学中，教师会根据自己的专长来选择教学项目，这样，在以后的教学中，教师可以将自己的所长教给学生，从而激活体育课堂，便于因材施教。

（二）体育课分项教学的不足及应对措施

第一，由于学生处于青春期，学生运动兴趣在不断地发生变化。学生在选了一个体育项目一段时间后，一小部分学生的运动兴趣会发生变化，出现串项的现象，如篮球班的学生想去足球班，足球班的又想去排球班等。为了稳定教学秩序和保持各教学班人数的均衡，并让学生能把一个体育项目学到一定的深度，应规定中途不允许学生随意调班。

第二，各个项目的选择人数不均衡。有些项目选的人很多，有些项目选的人较少，这就给教师的分配和学校场地的利用造成了一定的困难，应合理地分配师资力量，统筹规划学校的练习场地，在师资和场地有限的情况下取得最好的教学效果。

第三，对于实施过程中可能出现的情况应做比较完善的预防布置。例如，如果体育课遇到下雨天，各个教师就要带着自己班的学生到教室上理论课；如果有某个项目选的学生很多，就应多派一个教师上课；等等，这样效果会比较好。

第四，运动场地、设施、设备等不足和条件不完善，使分项教学受到很大影响。在经过体育课分项教学的实践后，应当肯定地说，这一新的教学形式是符合当前我国体育教学发展趋势的，是适应学生对体育课的需求的。通过分项教学，学生在学习兴趣、学习能动性、个性创造力方面都有了大幅度的提升；通过教学实践，教师在教学组织、方法手段的运用中能更多、更大胆地融入“以学生发展为本”的先进的教学理念和新颖的教学思维，大大促进了体育教学水平的提高，加速了他们业务上的成熟。尽管分项教学改革还存在一些问题与不足，但我们相信只要有各级领导和广大师生的大力支持，以及各位体育教师的倾力合作，我国在体育分项教学的路上一定会越走越好，这种教学形式也会越来越受到学生的欢迎。

第四节 创新性原则

一、创新性原则提出的背景

创新是指在前人已有发现或发明成果的基础上，有新的发现、新的发明、新的创造，不断超越的过程，这一过程需要通过造就创新人才来实现，而肩负这一历史使命的就是创新教育。创新教育，是以从不同角度开发人的探索精神和创造素质为基本价值取向的教育。这种教育通过独特的教与学的方式，开发和激励人的创造潜力，培养和强化人的创新精神和创新能力，并使人最终表现为高度的智慧。正是在这个意义上，这种独特的教育不仅符合时代的要求和人才成长的规律，而且是培养顶尖人才的最佳手段，也是我国实现素质教育的有效途径。

创新就是为了适应和推进社会发展而创造出新思想、新理论、新方法、新技艺、新手段及新的物态（知识、人才、产品等）的过程。社会的发展，归根结底取决于生产力的发展，科学技术是第一生产力，科学衍生出技术，科学的本质是创新。创新是一个民族进步的灵魂，是一个国家兴旺发达的不竭动力。

（一）创新教育提出的缘由

创新教育是针对传统教育而言的。我国现有的教育在很大程度上属应试教育，传统的教法、教学机制和教学模式，抹杀了学生的个性，限制了学生的想象力和创造力，致使培养学生探究能力和创新能力的教育目标难以实现，这是我国传统教育存在的主要弊端。究其主要原因：一是理念模糊，二是模式陈旧单一。具体阐述如下：教育理念是人们对教学和学习活动内在规律的认识的集中体现，同时也是人们对教育教学活动的看法和持有的基本态度和观念，它是教育者从事教育教学活动的指导思想和行动指南。在传统教学理念的支配下，我国的教育形成了以传授、继承已有知识为中心的教育观念，重理论轻实践，重知识轻能力，重接受轻探索，特别是在教育教学的方式方法上，忽略个体差异，不是以学生的需要来设计教育和教学。在教育教学模式上，价值取向是单一的，只重视知识的传授，而不重视学生在教育中的主体地位，学生没有选择的余地，只能被动接受，致使学生实务不足，自信不够，思维凝固，抹杀了学生的个性，扼杀了学生的创造潜能。这种单向传输的传统教育教学模式已经不适应新时代的发展，不能达到社会对人才培养的新要求。由此，我们的教育改革势在必行，应转变思想观念，以素质教育理念为行动指南，全面实施创新教育，培养出高尚品格和创新能力兼备、具有鲜明个性且善于合作的一代新人。由是观之，当今以及未来的社会，将是一个学习型社会，教育的发展趋势一定是大众化、民主化、个性化、终身化。因此，学校需要一个与之相适应的全新的教育教学途径来培养学生的创新能力，以此帮助学生获得应有的发展。所以，创新教育是最有效的途径，能够使受教育者达到创新能力的最高境界。

（二）创新教育在素质教育中的地位和作用

21 世纪是以知识经济为主导的社会，个人的发展和社会的进步必须以知识为基础、以科学发展为前提、以创造为动力，科学技术的创新越来越成为当今社会生产力解放和发展的重要基础和标志。从这个意义上来讲，我们的教育如何培养出具有知识创新和技术创新精神的人才，使中华民族真正自立于世界民族之林、走在世界各国前列的关键是素质教育。而实现素质教育的活性土壤就是创新教育。

1. 创新教育和素质教育的内涵和宗旨

创新教育是以培养学生的创新精神和创新能力为目标，以培养创新型人才为价值取向的教育，其要求重视对人的人格塑造和求异思维能力的培养，以此提高全民族的综合素质和国力。创新是一个民族的灵魂，是一个国家兴旺发达的不竭动力。这就是创新教育的实质所在，是素质教育赋予创新教育的深刻内涵，也是时代赋予学校培养 21 世纪社会发展需要的高素质人才的一个重任。素质教育是依据人的生理、心理发展和社会实践的需要，建构一种主体学习体系，促进个体全面发展的教育。这种教育是根据社会发展的需要和教育现代化的要求，以“人的发展”为核心，其宗旨是帮助每一个人获得终身学习的能力，使受教育者的个性得到全面和充分的发展，实现社会需要和个人价值的统一。素质教育的终极目标可以用三句话来概括，即激发人的积极的思维活动，开发人的潜能（包括认知能力、思辨能力和创新能力），对创新教育进行大胆的探索和追求，这是素质教育的核心所在。

2. 创新教育与素质教育的关系

创新教育是立足于人的个体发展，以培养人的创新精神和创新能力为基本价值取向的教育，而素质教育是立足于人的全面发展，以培养人的品格、智慧、能力为基本价值取向的教育。素质教育的着眼点与创新教育是一致的，所追求的目标也是一致的，都是激发学生的创造性思维，发掘学生的创新潜能，让学生在获取知识的实践中主动探索和掌握建构知识的方法及知识创新的能力，从而达到培养学生创造性能力的目的。可以说，这两种教育之间是"点"与"面"的关系。具体地讲，素质教育作为全面发展的教育，它贯穿于人才培养的全过程，以造就创新人才为核心，通过创新教育来培养具有创新精神和创新能力的高素质人才，进而提高全民族的综合素质。而创新教育是以创造个性为核心，通过创新来培养具有鲜明个性且善于合作的创造性人才，进而提高全民族的创新能力，把素质教育推向了一个新的台阶。因此，创新教育是素质教育的核心内容，是实施素质教育的关键，而素质教育通过创新教育来培养具有创新能力的高素质人才，不仅直接推动了本国的教育，而且通过素质教育更好地推动了经济和社会的发展。

（三）创新教育在素质教育中的地位和作用

素质教育是我国迎接知识经济时代的战略性决策，通过素质教育推动教育改革并形成新的教育模式，尊重人的创造性，重视个人潜力，使教与学的方式实现真正意义上的创新。而要把素质教育付诸实践，达到所追求的最高目标，创新教育起到主导作用。因为知识的创新必须依靠创新教育来实现，而创新教育作为人才培养的重要手段，与人才培养及人才成长关系密切，人才培养模式改革成功的关键是学校培养的人才是否具有创造性，特别是是否具有鲜明的个性，这一点是非常重要的。创新教育以培养创新型人才为价值取向，追求对人的人格塑造和求异思维能力的培养，这是一种全新的教育理念，在经济发展和社会进步中起着举足轻重的作用，对培养现代社会发展需要的人才具有重要的意义。

（四）实施创新教育培养创新型人才

创新教育是能最充分地调动每一个受教育者强烈的求知欲望和巨大的智慧及创新潜能，使其学会做人、学会学习、学会工作，成为具有创新思维和创新能力的全面发展的高素质人才的教育。

1. 创新教育要使学生学会做人

创新型人才既应包含对人才知识能力的要求，也应包含对人才思想品德的要求。创新型人才首先要有坚定正确的政治方向，有振兴中华的崇高志向和建设中国特色社会主义的理想，有甘为祖国建设贡献一切的奉献精神。离开这一条，创新性就失去了动力和方向。其次，应具有积极向上、充满信心、开拓进取的创新热情。最后，还需有无私无畏的宽阔胸怀和坚强意志。创新的过程，就是克服困难、战胜挫折的过程，因此必须具有百折不挠、坚忍不拔的毅力。以上三条应是一个创新型人才应当具备的基本思想品质。因此，创新教育的首要任务是以马克思主义为指导思想、以中国特色社会主义为理想，以爱国主义、改革创新精神、社会主义荣辱观教育学生，使学生形成服务国家、服务社会、服务人民的强烈责任感，爱岗敬业、钻研创新，为国家、为社会、为人民做出贡献。

2. 创新教育要使学生学会工作

学会工作就是培养学生在校期间掌握能胜任未来职业岗位所要求的综合职业能力，即就业能力。学生的综合职业能力应包括专业能力、通用能力和创新能力。专业能力指掌握一定的专业知识并运用专业知识熟练操作该专业各种产品生产工艺的能力，它是综合职业能力体系建设的重点和基础。通用能力指口语文字表达能力、外语能力、计算机信息网络应用能力、团结协作能力、社会交往能力、组织管理实施能力等。创新能力，也可称为发展能力、开拓能力，是指在工作岗位上或新的环境中能提出新想法、设计新工艺、开发新产品、开创新局面的能力。创新能力与专业能力、通用能力互相促进、协调发展，创新能力可使综合职业能力产生质的飞跃。

创新能力的基础是创新思维能力的培养。在创新活动和创新开发过程中，始终离不开创新思维。创新思维是指人在创新过程中产生的前所未有的思维成果的思维活动。创新思维的形式有扩散思维和集中思维。相对于创新思维而言，在传统的教学过程中，学生主要进行的思维活动形式为记忆显现性思维，这种思维方式一般不产生新的前所未有的思维成果。这种思维训练只能培养大批从事熟练操作的工人和具有较强仿制能力的技术人员。创新型人才必须通过创新思维方式来训练和培养。创新思维的培养与学习环境的关系十分密切。学校和教师应营造一种开放、民主、平等、自由的有利于个性发展、互动的学习环境，只有在这种宽松、活泼的环境中，才会诱发出学生对知识的热爱、对学习的乐趣，学生才会敢于不唯书、不唯师、不唯已有定论、不唯上，才会敢于发表自己的想法，提出自己的质疑和见解。教师应培养学生的好奇心和学生的问题意识，鼓励学生多提问题、探索问题，引导学生在解决问题中学会学习、学会创新。美国教育家在研究中证实，竞争意识是创新人才的显著特点。学校应在各种教学活动中引入竞争因素，让学生在各种竞争中获得胜利和失败的体验，以增强学生自我肯定的信心和能力。学习的迁移原理应当突出非特殊迁移，即原理和态度的迁移训练，让学生掌握学科的基本结构、基本原理、方法和态度。学生学到的观念越是基本，它对新问题的适用性就越宽广，对日后就越有用，越有益于开拓发展能力的提高。

二、创新性原则的概念、要求

（一）创新性原则的概念

创新性教学原则是指在体育教学过程中，教师应注意调动学生学习的主动性和积极性，激活学生创新动机，树立创新意识，注重学生创造性思维和创新精神的培养，使学生能主动、愉快、创造性地获得知识，个性得到自由发展，潜能得到最大限度的释放。

（二）贯彻创新性原则的要求

第一，更新教育观念，转变教育思想，充分认识学校体育教学在创新教育中的特殊使命。只有确立了新的教育观，人才培养才有明确的思想保障。必须实现“应试教育”向“素质教育”转变，充分发挥学生在教育过程中的主体作用，使之由被动学习转变为主动求知，把教学活动真正变成活跃学生思维、引导学生创新的过程。

第二，体育教师要注重自身创新能力的培养与提高。体育是最具有创新性的领域，要想在体育教学中培养学生的创新素质，体育教师就必须是一个创新者。体育教师的创新能力包括观察能力、获得知识信息的能力、创造性思维能力和创新实践能力等。实践证明，只有高素质的教师，才能有力地推动创新教育，只有教师自身具备不断学习、提高的能力，才能教会学生如何学习、探求术知。体育教师作为创新者，最重要的一点还在于他们能够培养大量有创新精神、实践能力和终身体育意识的健康合格人才。培养创新型人才，也应成为体育教师在创新素质培养中的最高追求。

第三，创造良好的校园体育创新环境，为创新型人才的脱颖而出创造条件。人们创新精神的开发、创新能力的培养与创新人格的塑造都与环境有一定的关系，应重视课内外一体化，强调把课内外有机结合起来，引导学生在丰富多彩的课外体育活动中完善自己。这不仅丰富了学生的生活，更重要的是活跃了学生产生灵感和塑造创新型人才的体育创新环境氛围，有利于最大限度地开发学生的创造潜力，有助于学生创新能力的培养。

第四，构建创新教学模式，改变传统的教学模式是学校实施创新教育的关键。传统教育在教育理念、目的、内容、方法、评价等方面与我们当今倡导的创新教育不相容，它束缚了创新型人才的培养，因此，必须构建创新教学模式。

第五，改革体育成绩考核方法和考核制度，建立创新评估体系，体育课程是学校考试最复杂的课程之一，现行的考核方法和考核制度存在着诸多弊端，它忽视了对学生能力特别是创新能力的评价。体育课成绩考核应探索科学的创新评估体系，应在考核中尽量减少由先天性因素起决定作用的竞技性考核内容，重视学生在体育学习中的进步幅度与努力求知创新程度，鼓励学生大胆地各抒已见、大胆地做动作，这不仅有利于启发学生思维，同时也可以使学生加深对动作的理解。学生可以选择能力考试的各种方式，充分发挥学生的主体作用，使之不断在知识、技术学习和积累的基础上有所升华和创新。

第四章 高校体育教学方法与手段的发展

第一节 高校体育教学方法的革新与发展

一、体育教学方法的基本理论

（一）体育教学方法的概念与含义

体育教学的方法即为实现体育教学目的而采用的手段、方式、措施和途径等的总和。具体而言，体育教学方法的概念可定义为：在体育教学过程中，为了达到体育教学目标和实现体育教学目的而由师生所采用的具有可操作性的教学方式、途径和手段的总称。关于体育教学方法的含义，可以通过以下几个方面来进行掌握。

1. 体育教学方法是教师“教”与学生“学”的统一

体育教学方法是教与学的统一，只有师生之间实现有效的双边互动，才能够更好地发挥体育教学方法的价值与作用。体育教学活动可以简单地理解为“教师的教”和“学生的学”两个层次的内容，教师和学生是教学活动的主体。体育教学方法和手段都是针对学生来选择与运用的，教师和学生之间具有密切的关系，在师生的双边互动中，体育教学的任务和目的逐步实现。因此，教和学这两方面的内容贯穿于体育教学方法实施的始终。

2. 体育教学方法是师生动作和行为的总和

教学方法是在师生互动中得到贯彻与实施的，体育教学方法也是师生之间行为动作总和的体系。体育教学方法与其他科目教学方法的主要区别在于，体育教学方法在注重教学语言要素的同时，更加注重动作要素。在体育教学过程中，各种动作的掌握和熟练需要教师进行示范、讲解以及纠正，并在此基础上，学生重复进行练习，才能最终掌握相应的技术动作。因此，体育教学方法是教师和学生的动作和行为的总和。

3. 体育教学方法和教学目标不可分割

任何一种体育教学方法都具有一定的目标性，如果脱离了目标，那么体育教学方法也就失去了其存在的意义。体育教学方法应与体育教学目的之间保持密切的联系，教学方法的实施应能够促进体育教学目标和任务的实现。因此，体育教学方法作为体育教学的重要组成部分，其服务于体育教学的目标和任务。体育教学方法和体育教学目标之间具有一定的不可分割性，如果将两者割裂开来，那么体育教学方法就会没有明确的方向，表现出一定的盲目性；而体育教学目标如果脱离了体育教学方法，则不能得到有效实现。

4. 体育教学方法的功能具有多样性

现代体育教学不仅仅注重学生动作和技术的掌握，以及各方面身体素质的增强，它更加注重学生的全面发展。因此，体育教学方法的功能也就具有了多样性的特点，多功能的体育教学方法不仅能够在一定程度上促进学生运动能力的增强，还能够促进学生思想道德品质、心理素质等方面的发展，对于学生的全面发展具有重要的促进作用。

（二）体育教学方法的特点

1. 多种感官集体参与性

体育教学活动是感知、思维和练习三者的结合，因此，其教学活动也需要多种感官参与其中，这样才能够保证各项动作的顺利完成。体育教学活动的特殊性要求在体育教学过程中，所有参与者都需要动员身体的各种器官。具体而言，教师需要为学生进行相应的动作示范，并且对学生的动作进行必要的指导和纠正；学生则需要进行必要的准备活动，然后进行相应的动作练习。在学习过程中，学生通过触觉和动觉等感受器官对运动的方向、用力的大小和动作的幅度等方面进行感知，通过自身和他人的信息反馈控制身体完成正确的动作，形成正确的动作定式。

鉴于体育教学活动的上述特点，在进行体育教学活动时，教师应运用多种方法，有效调动学生的各种器官参与教学活动，以使学生更好地掌握相应的活动技巧。具体而言，在体育教学活动中，教师应引导学生认真学习，积极进行思考，注重动作技术的调节控制，并进行大量重复练习。对于学生而言，正确的体育教学方法能够更大限度地调动多个身体器官参与活动，从而帮助自身掌握各种动作，实现学习目标。

2. 感知、思维和练习有机结合性

在体育教学过程中，学生的学习是一个复杂的认知过程，在这一过程中，学生需要动用思维、感知、记忆和想象，并结合具体的身体练习最终掌握动作。因此，体育教学方法也是感知、思维和练习相结合的过程。在结合的过程中，学生需要通过自身的信息接收器官将外界信息传送至大脑皮层，并运用大脑对各种信息进行整理、分析和加工，然后大脑指挥人体的各器官完成相应的动作；通过动作的不断重复，学生建立起相应的动力定型，实现动作的自动化，同时掌握相应的动作技术。在这个学习过程中，信息的感知是动作学习的基础，思维活动则是学习过程的核心，而练习是动作技术掌握的重要手段。

体育教学方法的实施过程是认识与实践、心理与身体相结合的过程，是感知、思维和练习三者的有机结合。

3. 实践操作性

体育教学方法与一般的教学方法相比，最大的特点是实践操作性。体育教学方法必须与体育教学实践紧密相连，当然有些方法是室内学科教学方法的借用，如直观教学法、讲解法等，但这些方法必须根据室外体育教学的特点、环境、学生的队列等情况加以调整，否则就不能适应体育教学。

体育教学的主要方式是身体运动，身体运动是学生对自身身体的运动感受，具有“此时此地”的特点，因此，在选择与安排教学方法时，一定要根据体育教学自身操作活动的实践特点进行，而不仅仅是停留在理论层面上。只有结合实践操作的体育教学方法，才能让学生在掌握动作技术概念的基础上，通过身体实践活动达到掌握运动技能、促进心理发展的目的。同时，体育教学方法必须得到体育教学实践的检验，才能判断其教学方法是否有效。

4. 时空功效性

体育教学可以划分为不同的阶段，在不同的阶段内，有着鲜明的阶段特点，师生之间相互产生着一定的影响。在教学的开始阶段，教师处于主导地位，随着时间的推移，学生的主体地位逐渐增强。

在教学过程中，教学方法和途径发挥了重要的作用。在开始阶段，学生学习动机、兴趣、欲望等的激发，需要教师运用合理的方法；教师通过讲解、示范等方法来使学生理解和掌握相应的知识和技能；学生在学练过程中，通过一定的方法来感知、理解和掌握相关的知识。总之，在体育教学的不同阶段，体育教学方法都发挥着其应有的作用，这是体育教学方法的时空功效性特点。

5. 运动与休息合理交替性

在体育教学过程中，学生的大脑和身体会通过一定的学习活动产生相应的疲劳，造成学习效率下降。尤其是高强度的身体运动对于学生的体能消耗较大，这时为了保证教学活动的正常进行，有必要安排相应的休息活动。

在学习活动中，学生通过一定的认知、理解和记忆后，会有相应的脑力消耗；通过进行相应的身体练习，人体的能量消耗加剧，人体相应的器官会出现一些疲劳症状，并且随着运动负荷的增加，其会对学习活动产生一定的消极影响。因此，体育教学方法注重运动与学习的结合，使学生的身体疲劳能够得到一定程度的缓解，保证其保持较高的学习效率。

需要注意的是，这里的休息并不一定是指暂停相应的活动，也可能是一种积极性的休息——通过开展相应的轻松的活动，来达到身心的放松，帮助学生消除疲劳症状。安排休息时，应注重积极性休息和消极性休息的结合，使得休息能够更好地达到预期的效果。

6. 继承发展性

体育教学的方法是在长期的体育教学实践过程中逐步发展起来的，经过多年的积累、发展和创新，逐渐形成了内容丰富的体育教学方法体系。很多教学方法具有鲜活的生命力，经过多年的发展依然在教学过程中发挥着巨大的作用。这些有效的教学方法值得人们对其进行总结、整理和借鉴。在教学实践过程中，在继承传统的教学方法的基础上，一些新的教学方法不断被提出，使得体育教学方法的体系不断完善。

需要指出的是，虽然体育教学的方法众多，但不应过于迷信现代化的教学方法，更不能对一些国外的教学方法进行刻板的模仿。教育工作者应在扬弃的基础上发展创新，在时代发展的大环境下，在体育教学具体实际的基础上，对教学方法进行开拓创新。

（三）体育教学方法的分类

体育教学方法众多，对其进行分类整理不管是对教学方法体系的发展完善，还是对教师科学选用体育教学方法，都具有极为重要的意义。但是，目前对于教学方法的分类缺乏统一的标准和依据，因此众说纷纭。通常，体育教学的方法分为两个基本大类：教法类和学练法类，具体内容如下。

1. 教法类

（1）知识技能教法

知识技能教法包括基本知识的教法和体育技能的教法。

①基本知识的教法

基本知识的教学包括体育保健类知识以及体育相关理论等的教学。体育基本知识的教学方法同其他学科的教学方法类似，这类教学方法在进行分类时较为复杂，根据不同的分类依据可将其分为不同的类别。

在体育教学过程中，教师在选择相应的体育教学方法时，要注意教学的实践活动和它的多功能作用的发挥，要将体育教学的基本知识与体育活动的具体实践密切结合起来，教学方法要具有可操作性。

②体育技能的教法

体育技能的教学方法即一般意义上的运动教学方法，这是体育教学方法中与其他学科的教学方法有很大差别的部分。在采用相应的体育教学方法时，应首先确定体育教学的目的。教师应首先明确教学的目的是使学生掌握运动技术技能，还是发展学生身体或是要达到其他什么目的。其次，应对体育教学的内容进行分析和处理，运用相应的动作教学方法来实现相应的教学任务。若体育教学的目的以及体育教学的内容不同，活动的方式也会有很大的区别，这时就需要采用不同的动作方法和策略。因此，体育技能教学方法具有灵活多变的特点，应根据具体的教学情况随机应变。

（2）思想教育法

思想教育法是对学生进行思想品德教育和美育的方法，这也是体育教学的重要任务之一。在开展相应的思想教育时，应结合体育教学的特点采用相应的教学方法，确保教学能够收到很好的效果。体育教学方法的运用要能够促进学生顽强拼搏的意志品质的形成，培养其团队协作的意识，要促进学生个性意识的发展，并促使其形成正确的价值观念和审美观，培养其探索性和创造性思维。

2. 学练法类

（1）学法类

学法类即指导学生进行学习的方法，这也是体育教学的重要方面。在进行体育教学时，指导学生进行学习的方法应注重以下几方面的内容。首先，应确保学生能够较好地掌握前人积累和总结的知识和经验，在继承的基础上求发展；其次，学生应将相应的知识和经验与自身的个性特点相结合，从而最终形成终身体育意识与拥有相应的能力。

总而言之，学法类的教学方法应使学生不仅能够掌握相应的知识和技能，还要使其愿学、会学，并且在以后的工作和生活中能够对所学的知识进行运用，使其养成良好的体育锻炼习惯。

（2）练法类

指导学生锻炼的方法是体育教学里面最具本质特征的方法。练法类教学方法对于学生的身体素质以及各项运动技能的发展具有直接的作用和效果。在教学过程中，学生应能够理解和感受身体运动时的各项体验。在教学过程中，具有众多的身体锻炼的方法，其效果也因人而异。另外，在教学过程中，各种教学方法既可以单独使用，也可以进行有效的整合，从而形成一定的方法体系来运用。在教学过程中，学生应明确各种练法的作用和意义，并把握不同练法之间的联系，以做到自如运用。

二、常见的体育教学方法

（一）语言法

语言法即在教学活动中，教师通过对学生进行语言指导，从而达到相应的教学效果的方法。作为一名教师，能够正确、简明、形象地使用语言，对于学生的学习和教学工作任务的完成具有重要的意义。正确地使用语言，不但能够使学生更好地理解相应的学习目标和任务，还能够使其快速掌握相应的知识和技能。

因此，在体育教学过程中，教师应注重语言法的运用，注重语言的技巧。一般学校体育教学中语言法的形式有：讲解、口头汇报、口头评价以及口令和指示等。

1. 讲解法

讲解即教师将相应的动作要领、方法和规则要求等方面的知识向学生进行说明，其目的在于更好地指导学生进行相应的运动技能的学习和掌握。讲解法是较为常用的教学方法，在运用时，应注重以下几方面的问题。

第一，要明确讲解的目的，根据教学目标、教学内容和学生特点进行讲解。在讲解过程中，应对自身的语速、语气进行调节，并抓住教学内容的重点和难点，具有一定的目的性和针对性，这样才能使学生明白哪些是重点和应该着重理解的方面。

第二，在进行讲解时，应注重其内容的正确性，不管是具体的工作原理还是相关的基本知识，都应做到准确无误。另外，还应注重讲解的方式要与学生的学习情况和学习能力相适应，使学生能够很好地接受相应的知识。

第三，为了更好地使学生理解相应的技术动作，讲解要做到生动形象、简明扼要。具体而言，在讲解过程中，应注重将新的技术动作和知识内容与学生已经了解和熟悉的内容联系起来，使学生更好地理解相应的动作技术。另外，教学时间有限，学生的注意力集中程度也会随着学习时间的延长而有所下降，因此，应抓住重点，简明扼要地进行讲解。

第四，在内容讲解过程中，不能将知识体系和动作技术分离，要注重启发学生的发散性思维和创造性思维，使学生能够触类旁通、举一反三，更好地理解相关的知识，达到学以致用的目的。

第五，在进行讲解时，还应注重讲解的时机和效果。在讲解相应的内容时，首先应选择合适的站立位置，确保每个学生都能够听到相应的内容。另外，给学生进行讲解时，应充分调动其好奇心和积极性，如此才能取得更好的效果。

2. 口头汇报法

口头汇报是教师了解教学效果的重要方法之一，这种方法要求学生根据教学需要，向教师表述学习心得和有关教学内容、方式与疑难问题等相关方面的问题。通过学生的口头汇报，教师能够明确自身在教学过程中的不足，为教师提高自身的教学水平提供相应的依据。对于学生而言，通过这种方式不仅能够培养其语言表达能力，还能够促使其进行积极的思考，加深其对于教学内容的理解。因此，在教学过程中安排相应的口头汇报不仅有助于教师和学生素质。

3. 口头评价法

口头评价也是一种重要的语言方法，对于学生的动作完成情况以及课堂表现给予相应的口头评价，能够更好地促进学生的学习。口头评价可分为两种：一种为积极的评价；另一种则是消极的评价。积极的评价即对学生的正面鼓励，这能够在一定程度上激发学生的积极性，促进教学活动的更好开展；消极评价则是否定性的评价，这种评价往往指出学生的不足，明确其提高的方法和努力的方向，用这种方式时应注重语气和口气。

4. 口令、指示法

在体育教学过程中，需要借助多种口令和指示，如“立正”“跑”“转体”等。这些语言简短有力，能够很好地指导学生进行相应的技术动作的学练。但是，需要注意的是，运用这些口令和指示时，应注意把握其时机和节奏，否则会造成学生动作的不协调和出错。另外，还应注重发音的洪亮有力，不仅要使学生能够清楚地听到，还应给学生以势在必行之感。

（二）直观法

直观法是体育教学中较为常用的一种教学方法。通过相应的直观的方式作用于人体的感觉器官，引起相应的感知，从而实现体育教学目的。一般常用的直观法有动作示范、条件诱导、多媒体技术、教具和模型的演示等形式。在实践过程中，人们认识事物时都是首先从感觉器官的感知开始的，因此，直观法能够使学生更易于理解相应的教学内容。

1. 动作示范法

动作示范法指的是教师采取一些示范动作使学生对技术动作的形象、结构和要领进行掌握的基本方法。一般在进行动作示范时，教师可亲自进行示范，也可指定相应的学生进行动作示范。在采用动作示范方法时，应注意以下几方面的问题。

第一，在进行动作示范时，应具有一定的目的性。如果是为了使得学生了解动作的基本形象，示范动作可稍快；如果动作示范是为了使学生了解相应的动作结构，并引导学生进行学习，则动作应稍慢，可略夸张；如果是示范相应的重点和难点动作，可多示范几次。

第二，示范动作一定要注重其正确性，避免对学生形成误导。在进行相应的讲解时，不仅要注重内容的正确性，还要体现出教学内容的特点，并与学生的学习能力相适应，提高学生的学习兴趣。

第三，在进行动作示范时，应使得全体学生都能够看到。因此，可使学生呈圆圈形站立，或是错位站立。

第四，在进行动作示范时，一般会配合相应的讲解方法，使学生能够更好地理解。可采用先示范后讲解、边示范边讲解和先讲解后示范等方式。

2. 条件诱导法

条件诱导法也是较为常用的一种教学方法，其是以某种条件为诱因，并与相应的动作建立联系，从而达到相应的教学目的。例如，通过相应的音乐伴奏和喊节拍的方式，形成一定的动作节奏感；通过简单的语言提示使得学生的动作能够流畅地进行。另外，也可设置相应的视觉标志，指示学生进行相应的动作方向和运动轨迹、幅度等方面的操作。

3. 多媒体技术法

多媒体技术主要包括电影、幻灯、录像等。在运用电影和电视录像时，应注意播放内容要与体育教学目标相适应，将电影和电视录像与讲解示范练习有机结合。多媒体技术虽然在教学过程中得到了普遍的运用，但是在体育教学过程中，其应用并不广泛。这与体育教学在户外授课、器材运用不方便具有很大的关系。

4. 直观教具与模型演示法

在体育教学过程中，对于一些高难度的动作可采用图表、照片和模型等直观方法进行辅助教学。通过运用这些教学工具，学生更易于理解相应的技术结构和动作形象。另外，对于一些战术配合，也常采用模型演示的方式进行讲解。

（三）完整法与分解法

1. 完整法

完整法指的是从动作开始到结束，完整地进行教学和练习的方法。一般在技术动作的难度不是很高或技术动作不可进行分解时，会采用完整法进行教学。另外，在首次进行动作示范时，也会采用完整法来进行动作技术形象的示范。完整法的优点在于动作协调优美、结构简单、方向路线变化较小，各动作之间具有密切的联系。其缺点在于对一些复杂的动作而言，采用这种教学方法会为教学带来一定的困难。为了便于学生进行学习，促进教学活动更好地开展，应注重以下几方面的问题。

第一，在讲授一些简单和易于掌握的动作技术时，教师可以先进行完整的动作示范，示范之后，学生直接完成完整的动作练习。

第二，有些技术动作无法分解，这时要采用完整教学法。需要注意的是，在采用这种方法时，要对其中的各项要素进行必要的分析，如动作的用力、动作转变的时机等。但是，不能拘泥于动作的细节，要从整体上进行把握，确保动作的完整和流畅性。

第三，对于一些难度动作，可先通过降低难度或是徒手完成相应的动作，在此基础上逐渐增加难度。需要注意的是，降低难度时，不能使技术动作出现错误，这是基本要求。在教学过程中，可适当降低一些器材的高度、距离等标准。

第四，采用完整法进行教学时，可适当改变外部的环境条件，在外力条件的帮助下完成相应的完整动作。

2. 分解法

分解法即将完整的动作划分为几个部分，逐步使学生掌握完整的动作技术。这种方法适用于难度相对较高，并且动作可分解的运动项目。采用这种教学方法时，能够将复杂的动作分解为简单的动作，从而使技术难度降低，更加有利于学生的学习和掌握。但是，这种方法也有其相应的缺点，即它注重对于局部动作的分解把握，可能在一定程度上使得学生对于整体的理解不全面。因此，分解法和完整法通常结合使用。

在运用分解法进行教学时，应注意以下几方面的问题。

第一，应仔细分析动作技术的特点，采用合理的方式对其进行分解，注重时间、空间等方面的有序性和统一性。

第二，将完整的技术动作分为多个环节时，应注重各个环节之间的联系，注重动作结构之间的联系性。

第三，在熟练掌握各阶段的动作之后，要注重各个环节之间的动作衔接，要保证其过渡的流畅性，形成有机的整体。

（四）游戏法与竞赛法

1. 游戏法

游戏法也是体育教学过程中较为常用的一种方法，它是指教师组织学生通过做游戏的方式来完成相应的教学任务的方法。通过开展相应的游戏，学生之间开展竞争和合作，提升学生的思考和判断能力，促进教学质量的提升。游戏法具有一定的趣味性，能够提高学生参与的积极性，培养学生的学习兴趣，因此在体育教学中被广泛运用。在运用游戏法时，应注意以下几方面的问题。

第一，应根据教学目标和教学内容采取合适的游戏规则和游戏要求，确保游戏内容与教学内容相契合。

第二，采用游戏法时，学生需要遵守相应的规则。但是，应充分发挥学生的主动性和创造性，通过开展相应的游戏，引发和启迪学生的思考。

第三，教师应做好相应的评判动作，要做到公正、客观，避免挫伤学生参与体育学习的积极性。

2. 竞赛法

竞赛法即在教学过程中，为了检验教学效果和提高学生的技术水平，组织学生进行比赛的方法。竞赛法将所学的技术动作应用于实践，能够使得学生更好地掌握相应的技术动作。采用这种方法具有一定的竞争性和对抗性，学生需要承受较大的运动负荷。通过开展竞赛，能够培养学生的应变能力，对于其心理素质和意志品质等方面的发展也能起到一定的促进作用。

采用竞赛法时，应注意以下两个方面的问题。

第一，开展竞赛时，应进行合理的组织，无论是个人赛还是小组之间的比赛，其实力应相对较为均衡。

第二，开展相应的竞赛时，学生应熟练地掌握相应的技术动作，能够在比赛中很好地运用。

（五）预防法与纠错法

为了防止和纠正学生在练习过程中出现和可能出现的错误动作，教师在教学过程中经常采用预防法与纠错法。在教学过程中，学生出现错误动作是不可避免的，教师应正确对待，并注意进行有意识的引导和纠正。

预防和纠错是相互联系的。预防具有一定的超前性，要求对于可能的错误动作进行积极的引导，并要对其出错的原因进行分析；纠错具有鲜明的针对性，针对学生的错误动作采取相应的纠正措施，并分析出错的原因。预防与纠错的具体方法有以下几种。

1. 语言表述法

为了使学生建立起正确的动作概念，应注重动作细节与要点描述的准确性，使学生能够明确理解各技术动作的标准和结构顺序。通过这种方式，学生能够建立正确的动作意识。

2. 诱导练习法

为了使学生的动作准确无误，可采用诱导性的教学方法，使学生达到相应的教学要求。例如，学生在做肩肘倒立时，不能将腰腹部挺直，针对这种情况，可采用在垫子上方悬一吊球，让学生用脚尖触球，这样学生就可以挺直腰腹部了。

3. 限制练习法

在进行相应的动作练习时，设置一定的限制条件，有助于错误动作的纠正。例如，在进行篮球投篮练习时，为了使学生的投篮动作更加协调、标准，可进行罚球线投篮练习，使学生掌握正确的投篮方式。

4. 自我暗示法

自我暗示法是一种重要的方法，是学生在进行相应的动作练习时，为了保证动作的准确性，在练习中就会有意识地暗示自己达到要求的方法。例如，在进行球的投篮练习时，学生可暗示自己投篮时手指、手腕的动作要标准；再如，在奔跑练习中要暗示自己注意后腿充分蹬地。

（六）体育教学的其他方法

除了上述的教学方法之外，在创新教学理念的影响下，一些其他教学类别的教学方式也逐渐被用于体育教学之中，如自主学习法、合作学习法以及发现式教学法等。

1. 自主学习法

为了实现相应的教学目标，在教师的引导下，学生依据自身的需要和条件制定相应的目标，选择相应的教学内容，并通过独立地分析、探索、实践、质疑等来进行学习。自主学习能够充分发挥学生的主观能动性。

在体育教学中，自主学习法指的是为了实现体育教学目标，学生在体育教师的指导下，依据自身的需要和条件制定目标、选择内容等，完成学习目标的一种体育学习模式。自主有独立性、能动性和创造性等特点，有利于激发学生学习体育的积极性，培养学生的体育自主学习能力，确立学生在体育学习中的主体地位，提高体育教学的学习效果。

在体育教学过程中，采用这种方法时应注意以下两方面的问题。

第一，学生应根据自身的知识储备和能力水平，选择相应的目标和学习内容，并在教师的引导下进行。

第二，学生应根据自身情况，对照学习目标，积极进行自我调控，并及时改进教学方法和教学策略。

2. 合作学习法

合作学习法，指在教学过程中，对学生进行相应的分组，学生为了完成共同的学习任务，而有明确的责任分工的互助性学习形式。各小组成员根据自身的特点承担相应的责任，各成员之间是相互依赖的关系，在相互协作中，完成相应的任务。在体育教学中，使用该方法应遵循以下几个步骤。

第一，在教师的引导下，学生分成相应的小组。

第二，全体成员在教师的指导下，根据教学内容确定相应的教学目标。

第三，确定各学习小组的研究课题，明确各小组成员之间的分工。

第四，小组成员合作学习，围绕相应的主题完成自身的任务，从而实现小组任务目标。

第五，各小组进行一定的沟通和交流，分享相应的成果，并纠正自身的不足。

第六，对学习的过程进行评价，总结经验和得失，使下次学习更好地开展。

3. 发现式教学法

发现式教学法是通过积极引导学生发挥自己的创造性思维，使学生在发现的过程中进行学习的一种教学方法。

在体育教学过程中，运用发现式教学方法要遵循以下几方面的步骤。首先，提出相应的问题，或是设立相应的学习情境，使得学生面临相应的问题和困难，在教师的引导下去进行相应的探索；其次，通过进行相应的练习，初步掌握技术动作的原理和方法；最后，通过分组讨论，提出相应的假设，进行相应的实践验证，并对提出的问题进行讨论，最后得到共同的结论。

采用发现式教学法时，应注意以下几方面的问题。

第一，教师要善于提出相应的问题和创设相应的情境，要充分调动和激发学生的积极性，激发学生学习的兴趣。

第二，教师提出的问题应适应学生的能力水平，使学生能够根据已有的知识和经验，并通过一定的探索得到相应的答案。

第三，教师要注意抓住教学的重点，引导学生对重点问题进行积极的思考，并找出解决问题的方法，启迪学生的创造性思维。

第四，采用这种方法时，应注重由浅入深、由抽象到具体，使得学习过程符合人们的认知规律。

三、体育教学方法的选择与运用

（一）体育教学方法的选择

1. 选用教学方法的艺术

在体育教学实践过程中，有多种制约教学活动的因素，在不同的教学目标、教学内容、教学对象以及教学条件下，教学方法也发挥着不同的效果。这在一定程度上决定了教学方法的多样性。实践表明，教学方法有其优点和缺点，适应于所有教学条件下的教学方法并不存在。因此，在教学过程中，应注重教学方法的科学性、艺术性和综合性的结合，形成良好的教学方法模式，并且要灵活进行变通。

在选择教学方法时，并不是随意选择的，必须具有一定的科学依据。在教学过程中，应以教学规律为根据来选用合适的教学方法。教学方法与教学目标、教学内容、教学对象等方面均具有一定的联系，在选择教学方法时，应分析和掌握这些因素之间的内在本质联系，从而确定教学方法。

在选择教学方法时，还应注重选择的艺术性。教学方法不仅要具有一定的科学性，还要保证在具体的教学实践过程中，采用的教学方法具有灵活性、艺术性和创造性，避免机械、僵化地运用。在实践过程中，应根据具体的条件和教学需要，选择相应的教学方法，必要时，还要对相应的教学方法进行加工和创造。

在教学实践过程中，教学方法的选择具有综合性的特点。不同的教师会采用不同的教学方法，并取得一定的教学效果。在选择教学方法时，不能要求所有的教师都千篇一律。只要其教学方法能够取得一定的教学效果，就值得使用和发展。

需要注意的是，体育教学的内容处在不断的发展和变化之中，教学对象也呈现变化性的特点，这就要求体育教学的方法也要不断进行发展和创新。因此，在选择相应的教学方法时，应用发展的眼光看问题，动态地去选择相应的体育教学方法。

2. 选择体育教学方法的具体参考依据

（1）参考体育教学目标

体育教学目标的主要特征之一是多层次性，身体发展目标、技能发展目标、知识发展目标、社会发展目标和情感发展目标等是体育教学目标的不同层次。为了实现不同的教学目标，应采用不同的教学方法。在体育教学中教学目标并不是孤立的，它是多种目标的综合，而每一单元、每一堂课目标的侧重点是不同的。因此，在教学过程中，应根据具体的课堂教学目标选择重点发展某一方面的教学方法。课时教学目标是体育教学总目标的具体化，这一目标具有很强的指导性。它既涉及相应的运动技能和运动理论方面的知识，又涉及心理和品质品格方面的内容，针对这些不同的教学目标，应选择与之相匹配的教学方法。

（2）参考体育教材内容

体育教学的内容与教学方法之间具有密切的关系，如对一些技术动作方面的内容应采用主观的示范操作的方法，而对一些原理和知识结构方面的内容则应注重运用语言法进行讲解。不同性质的体育教学内容，应采取相应的教学方法。每一种教学方法为实现一定的目标而运用于某一教材内容时，其效果也会表现出一定的差异性。因此，在体育教学过程中，应注重教学方法的灵活性。

（3）参考体育教学环境

教学环境对教学方法的选择具有重要的影响。教学环境包括场地器材、班级人数、课时数等；同时，外界的社会文化环境也对教学环境具有重要的影响。教学环境必然会对教学方法产生制约作用。例如，一些直观教学方法需要借助一定的教学器材才能实现相应的教学目标，而学校体育教学资源的具体情况在一定程度上对教师采取的教学方法具有决定作用。

教师在体育教学过程中，应充分利用现有的教学环境，选择合理的教学方法，最大限度地利用现有的场地、器材条件。

（4）参考学生的实际情况

在教学过程中，教学方法的实施对象是学生，采用多种教学方法的最终目的是使学生更好地学习。因此，在选择相应的体育教学方法时，应与学生特点及其实际情况相符合。学生的实际情况涵盖多方面的内容，包括学生的年龄特点、性别特征、身心发育状况以及相应的知识储备和学习能力等。

学生处于不同的年龄阶段，其身心发展过程也具有阶段性的特点。对于大学生而言，低年级学生和高年级学生的身心发展特点会表现出鲜明的差异性。另外，男女性别上的差异性也会导致其对于体育的态度有所不同，因此，应采取合适的方法，充分调动学生体育学习的积极性。

学生的经验和知识储备以及其相应的学习能力也是教师选择不同的教学方法的重要依据。对于知识储备量较为丰富，已经掌握了基础的知识技能，并且学习能力较强的学生，其在学习新的体育技能时能够更快、更好地掌握。此时，教师可采用合理的教学方法促进学生的技能水平向着更高的水平发展。

（5）参考教师的自身条件

体育教师是各种教学方法的实施者，其自身的素质对于教学活动的效果具有重要的影响。体育教师如果能力和素质有限，则其将不能发挥相应的教学方法的作用，从而对教学活动产生消极的影响。因此，教师在选择相应的教学活动时，应对自身的专业素养、能力水平以及教法特点有客观的理解。

一般而言，体育教师所熟练掌握的教学方法越多，则其越能够根据自身以及学生的实际情况选择出最佳的教学方法。不同教师根据学生实际状况采取同样的教学方法，也会得到不同的教学效果，可见教师自身条件极大地影响着体育教学活动。所以，教师要通过积极地学习提升自身的素质，尝试和掌握更多的教学方法。

4. 选择体育教学方法需要注意的事项

（1）注意师生之间的协调配合

在体育教学过程中，教师和学生的默契配合是取得良好教学效果的重要保证。教学活动不存在没有“教”的“学”，也不存在没有“学”的“教”。因此，不管是何种教学方法，都应考虑到“如何教”和“如何学”这两方面的问题。

在传统体育教学过程中，片面强调以教师为中心，教学方法也只是注重教师“如何教”的问题，而对于学生在教学过程中的作用则选择性地忽略了。例如，教师在进行动作示范时，只考虑动作的优美和协调性，而没有考虑学生的感受，从而使得学生的学习效果不佳，影响教学活动的开展。

因此，体育教学方法的应用应考虑师生双方的合理配合，避免两者的脱节。这样，才能取得良好的教学效果。

（2）注意学生内部与外部活动的配合

学生的学习过程是内部活动和外部活动的综合体现，因此，在选择相应的教学方法时，应注重两者之间的配合。内部活动，包括学生的心理活动以及相应的生理生化反应等方面；外部活动则包括动作质量、情绪、注意力等方面。

在选择相应的体育教学方法时，应注重内部与外部活动的配合。教师应善于分析学生的内外活动变化，将指导学生外部活动的方法与激发学生内部活动的教学方法有机结合，以使学生积极主动地参与到体育学习中。

在选择体育教学的方法时，还应对多种教学方法进行对比分析，从而确定最佳教学方法。在教学过程中，应明确不同的教学方法适应什么样的教学内容、能够解决什么样的教学问题、能够对什么样的教学对象起到更好的作用等。

（3）注意不同学习阶段的前后配合

学生在学习过程中，在不同的学习阶段会表现出不同的特点。体育教学方法的应用应考虑到学生学习知识的不同阶段的前后配合。例如，在动作学习过程中，应注重“模仿型”向“创造型”的过渡，并实现二者的有机结合。

学生的学习过程是由不了解到熟悉的过程。在学习的初始阶段，往往以模仿（模仿教师或他人）学习为主，之后，学生会形成动作定式而完全摆脱模仿，从“模仿型”过渡到“创造型”。这两个阶段之间具有一定的联系，又相互区别。因此，在运用教学方法时既要防止二者之间的互相代替，又要防止二者之间的割裂。

（二）体育教学方法的运用

1. 运用体育教学方法的注意事项

良好教学效果的取得不仅要求教师要选择合适的教学方法，还要求教师具有良好的素养，能够有效运用体育教学方法。在对相应的体育教学方法加以运用时，有以下几个方面需要注意。

（1）注意体育教学方法效果的影响因素

在对体育教学方法进行合理应用时，为了取得良好的教学效果，体育教师要加强与学生之间的协调配合。在体育教学实践活动中，教学方法所产生的效果受体育教师的知识储备、人格魅力以及教学技艺等方面的影响。所以，提高教师的素养对于教学方法使用的效果将会产生积极的影响。

然而，需要强调的是，体育教学是教师与学生之间的双边互动，学生因素对于教学方法运用的效果也具有重要的影响。因此，学生的能动性的发挥情况对于教学方法的运用效果具有重要的影响。例如，当学生没有太大的兴趣参与到体育课教学中时，就会在课堂上表现出注意力不集中，即使体育教师使用正确、生动、形象的讲解方法或进行准确、协调、优美的动作示范，学生依然不会提高参与课堂学习的兴趣与积极性。

除了教师和学生因素之外，体育教学的物质条件和环境也在一定程度上影响着体育教学方法的运用。例如，在进行篮球运动教学时，如果是在较为干净的室内塑胶场地上，学生在奔跑和起跳时的心理状态与在水泥地面上是不同的，在室内塑胶场地上，当学生起跳落地时，可以做出相应的保护性动作，能够有效避免受伤。因此，在强调教学主体主观因素的同时，也不可以忽略物质和环境等客观因素。

（2）注意体育教学方法有关理论的运用

有关体育教学的理论源于实践，但又高于实践，是科学总结体育教学实践的结果。因此，体育教学的相关方法既要注重实践方面的问题，又要注重理论方面的探索。如果体育教学的相关理论具有一定的片面性，则其体育教学的方法也会表现出一定的片面性。在体育教学过程中，体育教学方法方面的理论基础应综合考虑以下几方面。

第一，辩证唯物主义与唯物辩证法的基本观点。

第二，系统论原理，深化理解体育教学系统。

第三，教育学、心理学等与体育教学有关的学科理论知识。

第四，普通教学论和体育教学论，这是体育教学方法的理论基础。

第五，对当代各学科的先进理论成果进行借鉴和吸收，创造性地应用相应的理论和方法。

总而言之，在体育教学过程中，应用新观念、新理论指导体育教学工作，不断对体育教学的方法进行创新，并充分发挥各种教学方法的效用。

2. 体育教学方法的优化组合运用

（1）体育教学方法优化组合运用的原则

①最优性原则

不同的教学方法其特点、功能和应用范围都会有相应的差异性，各教学方法都有其优缺点。因此，在对教学方法进行组合运用时，会形成不同体系的综合教学方法，每一套教学方法也有其鲜明的特点。教师在进行教学方法的优化组合时，应根据实际情况，选择一套最符合实际情况的教学方法。教师在选择教学方法时，应从整体入手，将各种教学方法进行有机结合，充分发挥教学方法体系的整体功能。

②统一性原则

统一性原则要求教师在选择相应的教学方法时，应注重“教”与“学”的统一，使得两者之间密切结合，相互促进。如果只强调其中的一方面，则教学活动并不会取得良好的效果。另外，统一性原则还要求，在教学过程中，应将教学方法的多种功能充分地发挥出来，使学生全面发展。

③启发性原则

不管是何种形式的教学方法，其都应该能够更好地调动学生的积极性和自觉性，使学生进行积极的思考与探索，使学生全面提高自身素质。在体育教学活动中，教师要注重学生兴趣和动机的培养，培养其自主思考和学习的意识。

④创造性和灵活性原则

在选择体育教学方法时，应注重发挥教师和学生的创造性。应对教学方法进行积极的改进和创新，使其更加适用于教学实践活动。只有这样，才能够使得教学方法的功能最大化，从而取得较好的教学效果。教师要对教学方法进行不断的发展和创新，这样才能与教学水平的发展相适应。

教学活动是一个动态的过程，教师在课前设计的相应的教学方法可能在具体的教学实践中会面临多方面的问题，这就需要教师进行灵活处理，根据实际教学情况，对所选的体育教学方法进行灵活的、创造性的运用。

（2）体育教学方法优化组合的程序

①进一步明确体育教学的任务

选择不同的教学方法要以教学任务和教学目标为主要依据。因此，应将一节课的具体教学任务进行分析和细化，制订出相应的详细任务规划。

②根据实际情况提出总体设想

通过对教学任务、教学内容、学生的具体情况以及教学的外部情况等进行分析，对相应的教学方法进行评估和分析。在提出教学的总体设想时，应将教学方法的可行性和适用性充分考虑进来。

③对多种体育教学方法加以优化组合

制定教学方法的具体方式和细节表，对于各种教学方法进行分析，并对其不完善的地方进行相应的补充。在此基础上，将优化组合后的教学方法应用于具体教学实践过程中。

④对优化组合的教学方法进行评价

在体育教学过程中，应对教学方法产生的效果进行跟踪了解，可通过学生反馈的形式了解具体情况。对于教学方法的反馈信息进行归纳和分析研究，并对教学方法做出相应的调整。在以后的教学过程中，要不断地总结经验和教训，促进教学方法的不断优化。

四、体育教学方法的发展研究

（一）体育教学方法的发展历史

体育教学现象出现以后，才有了体育教学方法，然而这并不等于说在课堂上出现体育教学之后才有了体育教学方法。在民间的传统体育传授过程中，一些方法就已经得到了应用，只是当时的人们缺乏对教学方法的科学性和系统性的认识。因此，现代意义上的体育教学方法是现代体育教学出现以后产生的。体育教学的方法具有鲜明的时代性特点。

1. 体操和兵操时代

在传统社会里，军事战争是体育运动发展的推动力之一。在封建社会和资本主义社会早期，为了增强士兵的作战能力，士兵会进行相应的体育训练。这时的体育教学方法主要以训练式和注入式为主，较为单调。这种训练式和注入式的教学方法偏重于运动的不断重复，通过苦练来加深人体的运动记忆，并增强体能。

2. 竞技运动时代

近代以来，随着资本主义社会的不断发展，竞技运动也得到了快速的发展，竞技运动项目逐渐增多。竞技运动以公平、平等等思想为指导，并且融入了众多的文化因素，充满生机和活力。竞技运动要求运动员具有高超的运动技能，而一味地苦练并不能适应竞技体育发展的需要，体育教学方法的改进成为必然的趋势。这一阶段，教学效率明显提高，出现的一些新的教学方法有演示法、观察法以及小团体教学法等。

3. 体育教育时代

现代体育得到了很大的发展，并且成为学校教育的重要组成部分。体育成为一种文化现象，其内容也得到了极大的拓展，涉及健康教育、心理训练、安全教育、体育咨询、体育培训等，人们针对体育教学的内容、方法的研究也逐渐深化。体育教学的方法不但要使得学生掌握相应的体育知识和技能，还要促进学生的全面发展，使其身体素质、心理健康、运动欣赏能力等方面都得到相应的发展。随着技术的发展，一些新的体育教学方法也随之出现。计算机、录像、电影等多媒体技术的发展，使得运动表象和感知等方法得到了快速的深化发展，体育教学的方法更加科学、规范，并向着更高层次发展。

需要注意的是，新的体育教学方法的出现并不意味着传统体育教学方法的消失。在不同的时代条件下，会出现与这一阶段的生产力和科学文化的发展相适应的体育教学方法。这些新的体育教学方法与传统体育教学方法相结合，相互借鉴，共同促进了体育教学的发展。体育教学的方法是一个不断发展的过程，随着教学环境、教学对象和教学内容的发展，其呈现出不同的阶段性特点。

（二）现阶段体育教学方法的发展特征

体育教学方法具有一定的时代性，现阶段，体育教学方法的发展呈现出以下几个方面的特征。

1. 科技进步促进了体育教学方法的创新

科学技术发展迅速，在不断丰富和方便人们日常生活的同时，在其他领域也发挥着重要的作用。在体育教学中，科学技术的进步对其教学方法的影响是极其深远的。随着计算机技术的快速发展，其在体育教学中迅速得到普及，这使得体育教学中的动作示范更加标准、科学，资料的搜集、整合更加便捷，并且学生在学习空间和时间方面的限制减弱，实现了实时的信息沟通。运用计算机进行动作示范，能够从不同的侧面，以不同的速度，对不同部位的动作进行细致的分析和研究，使得传统的讲解示范等方法更加科学、高效。

2. 体育教学内容的变革促进了教学方法的变革

为了适应时代的发展，满足学生的体育需求，体育教学的内容处于不断的发展和变革之中，这也导致了体育教学方法的变革。例如，定向运动和野外生存运动被引用到体育教学之中，使得体育教学活动的野外组织和教学方法得到了更加广泛的开发。

3. 体育教学理论的发展促进了教学方法的改善

体育教学理论的发展有利于体育教学方法的创新与进步。在新的体育教学理论的指导下，体育教学方法逐步实现了创新和发展。传统的体育教学对于体育运动技能的分析有所欠缺，并且同一运动项目的教学方法相对固定，甚至在不同的运动项目中都采用统一的教学方法。所以，在种类繁多的运动项目面前，体育教学方法是“以不变应万变”。

4. 学生个性发展促进了体育教学方法的改进

时代环境不同，学生会表现出不同的特点，并且学生的个性特点具有很大的变动性。因此，为了更好地促进体育教学目标的实现，促进体育教学效果的提高，应根据学生的具体情况，采用不同的体育教学方法。

学生各方面的变化主要体现在以下几个方面。

第一，随着接受的知识的增多，学生的认识能力逐渐增强。

第二，随着时间的变化，学生的身体逐渐发育、发展。

第三，随着学生知识和阅历的丰富，其个性越来越强，并且形成了相应的价值观念。

另外，社会的文化价值观念对学生也具有较为显著的影响。体育教学的方法也应随着学生各方面的变化而进行适当的调整。

（三）体育教学方法的发展趋势

现代体育教学经过多年的发展，已经成为一个较为成熟的学科。教学方法经过多年的发展，已经发展成为具有自身特色的教法体系。随着经济社会的不断发展，其呈现出如下几方面的发展趋势。

1. 现代化趋势

在现代化过程中，体育教学的现代化十分明显。体育教学现代化的重要表现之一是教学设备的现代化。通过采用先进的技术手段，教师能够更容易地开展教学活动，学生能够更好地学习。通过使用先进的现代化设备，教师能够对学生的身体素质进行更加深刻的了解，并且能够更好地制定运动训练的负荷量。在教学管理方面，教师能够为学生的学习和生活提供更加便捷的服务。随着现代社会的发展，体育教学的各项技术逐渐发展，其教学方法也必然呈现出现代化的发展趋势。

2. 心理学化趋势

心理学认为，学习是一项复杂的心理过程。在体育教学过程中，学生的学习既涉及相应知识的记忆，又涉及动作技术的记忆。随着心理学研究的发展，学习过程的各个方面被人们所认识，并且在具体教学实践过程中，心理学的相关理论逐渐受到重视。在体育教学方法的发展过程中，很多心理学的研究成果将会进一步得到应用，对于体育教学效果的提高具有重要意义。

另外，体育教学还起到培养和发展学生的良好意志品质、促进学生的心理健康等方面的重要作用，通过运用相应的心理学方面的方法，能够更好地达成这方面的目的。

3. 个性化与民主化趋势

体育教学方法的个性化和民主化是其发展的主要趋势之一。在传统的教学过程中，教师是教学的主体，在教学过程中具有很强的统一性，教师的教学活动忽视了学生个体之间的差异性。

随着教学活动的开展，社会越来越注重学生个性的发展，体育教学方法的发展也必然呈现个性化发展趋势。个性化的教学方法改革和创新对于学生和社会的发展均具有重要的意义。

体育教学的民主化也是大势所趋。随着教学过程中民主意识的崛起，民主化的体育教学方法也逐渐得到快速的发展。

第二节 高校体育教学手段的革新与发展

一、体育教学手段模式研究

（一）体育教学手段的概念

手段，是指某种本领或技巧。从马克思对劳动手段的分析，可知手段的最大特征是以实体形态存在，是一物或诸物的复合体，是通过自身所具有的机械属性、物理属性和化学属性作用于客观对象的。人类最早把加工后的石头作为自己活动的物质手段，因而手段也被称为“工具”，在现代也被称为“硬件”或“硬设备”。为了更好地理解手段的含义，马克思将手段解释为一种为实现最终目标而采用的某种实体工具。所谓的实体工具并不是一种可能为精神层面的事物，它真真正正是一种客观存在的实物，它所能够发挥的作用必须能够为目标的实现做出贡献。另外，它必须是人体器官之外的工具。这里强调了工具之于目标的作用，由此可见目标是使用何种工具的依据，如果目标不存在，那么即便存在手段也是毫无意义的。只有存在目标，手段才有被人们选择和使用的价值。

那么，手段与平时常用的方法之间的区别是什么。首先要明确的是它们之间有一个共同的特征，那就是“实现预期的目标”的要素，但在实现目标的过程中，突出的要素不同，则会导致方法与手段的先后关系或两者的重要程度不同。

如上所述，在实现目标的过程中，强调物质中介因素或手段的重要性显然是无可非议的，但是这些物质中介因素如果没有精神中介因素或方法的参与、指挥，那也是一事无成的。例如，我国曾大量引进外国先进设备，但由于缺乏管理先进设备的方法，结果一度遭遇挫折，不得不转向对现代管理方法的研究。上述事例无不说明了方法与手段都是实现目标过程中必不可少的关键要素。

通过上述的总结，可以归纳出教学手段的定义，即一种在教学活动中教师与学生相互之间传递信息的工具。这里指的工具包含很多种，最传统的工具莫过于语言和文字，最终形成了教材。随着科学技术的发展，越发新颖的教学手段应运而生，电子视听设备和多媒体网络技术等手段在现代教学活动中的使用也已经常规化。

通过研究“手段”与“教学手段”的概念，以此可以获得一些对于体育教学手段概念研究的借鉴。首先可以说，体育教学手段是达成体育教学目标的重要途径，它以教学目标为依据，以使用适应体育教学活动特点的工具为载体，以此配合师生教学中大量的身体练习活动。

（二）体育教学手段的功能

1. 辅助运动教学的功能

教学手段具有直观的功效。在体育教学中大量使用新颖实用的教学手段，可以辅助教师的教学。虽然教师在一节课中的动作示范是最重要的，但是体育教师不可能无限制地做示范，因此需要借助其他的教学手段，如学生示范、正确动作图示、人体模型等。体育教师要善于寻找、发现、借用、创新各种教学手段，增加形声效果，促进学生对知识的记忆理解、发展智力、提高能力，为教学服务。

2. 更新教学观念的功能

电子计算机、教学机的发展和普及，使教学过程中信息的传递和控制有了重大突破。虽然多媒体技术在体育课教学中普遍受到限制，但是体育课程借助多媒体教学的趋势是不可阻挡的。只是在形式上可以更加变通，如可以运用笔记本电脑，在讲解之余，让学生观看运动过程、标准动作技术，以增加学生的直感。总之，在体育教学中，体育教师要广开思路，不要局限于现成的教学手段，要勇于创新，开发出更多更好的教学手段。

3. 增加直观效果的功能

教学手段主要是指教学硬件方面的内容，硬件方面的材料具有很强的直观性，教师的示范、人体模型、教学用具的演示，学生一看就能明白。有时学生出现了错误动作，教师的一推一拉、一拍一提就能产生奇效。这些教学手段都是非常直观、有效的，经常使用可增加学生对运动技术的直观感觉与体验，有助于快速有效地掌握运动技能。

4. 拓展信息反馈的渠道的功能

由于教学手段具有非常直观的功效，教师可以获得来自学生身体的直接反馈，如视觉的直接反馈、肌肉本体的直接反馈、身体空间感觉等。通过各种教学手段的使用，可以拓展学生在体育教学过程中信息反馈的渠道与路径，而这些来自学生身体的反馈信息对于学习与掌握各种运动技能是必不可少的。

5. 加强师生合作的功能

班级授课制表面上富有集体性，但其缺点也显而易见，它基本上属于组织与管理范畴，没有真正意义上的合作、分工与责任等，学生完成教学任务基本是单独进行的，这与现代社会人与人之间高度合作的特征相悖。体育教学中大量使用的教学手段明显加强了师生之间的合作，体育教师可以使用各种直观的、手把手式的教学手段，增加师生身体之间的交流，传授身体运动方面的知识，这对于运动教学来说具有特殊的价值与意义，在体育教学中应大力提倡。

（三）体育教学手段的分类

由于过往体育教学相关书籍中鲜有关于体育教学手段的系统内容，因此就更缺乏对体育教学手段的分类的相关内容。在过往的体育教学中，由于技术的相对落后，体育教学手段并不如现在丰富，所以也就没有进行分门别类的必要。而面对现代科学技术的进步，多媒体、网络等技术的普遍应用，体育教学手段日益丰富，为此，为了更好地选择恰当的手段服务于体育教学工作，对相关手段进行归纳、汇总和分类就显得很有必要。具体来说，体育教学手段分为如下几类。

1. 体育教学的视觉手段

所谓视觉手段，顾名思义就是指运用人类的视觉器官——眼睛来感知外界事物的手段，如摄影、电视、电影、造型艺术、建筑物、各类设计、城市建筑以及各种文字等能用眼睛看到的都属于视觉手段。教学活动中的视觉手段有很多，如书本、黑板、板书、电视、电影、投影等。在体育教学中使用的视觉手段与其他课程教学有所不同，如更多趋向于教师的示范、学生的示范、学习卡片、教具、挂图、人体模型、标志物等，有条件的学校在体育教学中也可以使用多媒体、电视、幻灯片等手段。

2. 体育教学的听觉手段

教材的声音效果主要由教师讲解、音乐、音响三大类组成。一般情况下，表达思想感情、阐述科学道理时使用教师讲解；调节课堂气氛、渲染氛围时使用音乐；让人产生身临其境的感觉时使用音响。当然，在各种声音中占主要地位的当属教师讲解，体育课堂教学若能在教师良好讲解的基础上，配合美妙的音乐、强烈的节奏，则可以给学生“耳目一新”的感觉。在体育教学中广泛使用的听觉手段有收录机、播音机、手鼓、节拍器等。

3. 体育教学的视听手段

视听手段，顾名思义，是指将通过眼睛的看和耳朵的听作为信息接收方式，将两者结合后能够形成一种双重感官同时接收信息的效果，强调在一定情境中听觉感知（录音）与视觉（图片影视）感知相结合，它是在听说的基础上，利用视听结合而形成的一种教学手段。

视听教学手段包括立体视觉教具、平面视觉教具。实践证明，相比传统的教学方式，视听教学效率可以提高 25% ~ 40%。在体育教学中使用的视听手段可以具体分为视觉媒体（包括非投影视觉媒体，如图片、图示、模型和教具等，以及投影视觉媒体，如投影、实物投影、显微投影、幻灯片等）、听觉媒体、视听媒体、综合媒体（多媒体）等。

4. 体育教学的触觉手段

触觉是接触、滑动等机械刺激的总称。人体的触觉器是遍布全身的，如人的皮肤位于人的体表，依靠表皮的游离神经末梢能感受温度。体育教学中的手把手教学就是一种非常好的教学手段，它在体育教学中的应用是非常普遍的。因为学生运动感知的获得有时是很困难的，除了参与必需的身体运动之外，还要体验身体在不同运动过程中的感觉，没有这种身体感觉，运动技能的获得将成为一句空话。在学生不断地学练技术过程中，教师若能将自身获得的身体感觉通过某种方式传递给学生，帮助学生建立与体会这种身体知觉，那么运动技能的掌握必将缩短很多时间。手把手教学手段就是依赖教师的身体对学生运动中的身体给予一个恰到好处的刺激，提醒学生做动作的时机与要点，这样，学生就可以在自身努力练习的基础上，借助教师的点拨，加深对运动感觉的理解。触觉手段除了包括教师给予学生身体上的阻力与助力之外，还包括一些限制物、障碍物等，它们的主要作用是通过学生对限制物的感知与反馈，调整运动行为。

5. 运动场地保障

运动场地是每一个学校都需要大力投资修建的，是学校的运动物质文化，是学校美丽的风景线；同时，教师可以将运动场地作为一个很好的教学手段。运动场地是为了满足某种体育教学活动的需要而存在的，但从实际应用的角度上来讲，除运动场地的“本职工作”外，它还可以作为其他一些体育教学的特殊手段来用，如体育馆内的墙壁可以作为排球垫球、扣球、传球的教学手段；室外的墙壁可以画上标志用于足球定位；室外运动场地的线条可以作为接力跑的线来用；台阶可以用于发展学生的跳跃能力；等等。这些教学手段都是学校固有的，可以充分利用。这部分内容在后面的第三节中会有较为详细的研究。

6. 器材和设备保障

体育器材和设备本身是一种教学手段，同时还具有其他功能。如海绵垫可以用于做前滚翻和各种体操动作，也可以作为各种动作的保护与帮助手段；篮球可以用于篮球技术的教学，也可以用于篮球接力游戏，发展学生的协调能力；排球可以用于排球技术的教学，也可以当作障碍物，让学生在有障碍情况下完成规定动作。这些器材和设备的教学手段的开发不胜枚举。

二、体育教学手段的运用

体育教学手段多种多样，特别是近年来随着科学技术的进步和信息化时代的到来，体育教学手段更加丰富。然而，丰富的教学手段也会给体育教师的选择带来矛盾。因此，选择正确的体育教学手段要根据体育教师的教学经验和课程内容所需。

这里主要对图片、多媒体、教学用具、标志物、场馆与器材、自制器等体育教学手段的实践运用进行说明，以期为体育教师选择体育教学手段提供建议。

（一）图片在体育教学中的使用

图片是较为直观的事物，直观的事物有助于使学生建立直观的印象。因此，在各级学校中的体育场馆内都会悬挂有内容多样的体育图片（多为单个或成套动作的分解图片）。这种图片在过往与现代的中小学中非常普遍。

在学校的体育教学中，图片（挂图）使用率较高，效果颇佳。这种图片可能是广播体操的分解动作，也可能是简化二十四式太极拳的套路动作，甚至还可能是篮球运动单项技术动作。图片在体育教学中的使用有助于加深学生对动作的直观印象，通过对图片、文字的直观感知，形成正确的动作表象。静态的图片有利于学生进行简单的模仿和学习，将成套动作或复杂的动作分解成许多图片还可以使学生清晰地了解运动动作的程序、运动动作的结构、动作次序、各阶段的特征、身体运动的时间和空间的关系等。

因此，为了更好地突出图片作为体育教学手段的作用，应注意以下几种应用事项。

第一，在体育教学中使用图片手段并不是一种随意的行为。图片中的内容是什么，图片的内容形式是什么，图片教学使用的时机和时间是什么，诸多问题都是需要在教学开始前深思熟虑的。也就是说，这些内容都需要体育教师在备课阶段就仔细对待。

图片是静态的，它通过多种静态形式展现出某项运动的动态模式。那么，能否将图片用“活”，是图片体育教学手段能否获得理想效果的关键。以成套动作为例（广播操或武术套路），除长期挂于特定位置的图片外，体育教师向学生展示图片的时机可以是整套动作开始学习之前，以此使学生对全套动作内容有一个大体的认识；还可以是教师做完示范之后进行图片的展示，以此使学生在初步体会动作后能更加直观地模仿动作；再有，就是当学生出现错误或不规范的动作时使用图片教学。

第二，图片教学手段的应用要具有针对性。几乎所有学校中悬挂的体育教学图片内容都不是随意选择的。在绝大多数学校中，所悬挂的体育教学图片几乎都是在日常教学中经常出现的体育内容，如足球、篮球、排球、乒乓球、羽毛球、网球等常见球类运动，还有武术、广播操等套路动作。这些内容均是由体育教学大纲和详细的体育教学计划决定的。这就是我们很难在普通学校中看到棒球、橄榄球或高尔夫球的技术动作等内容被作为挂图的原因。而在某项运动的专项俱乐部中，这种挂图则就非常常见了。

图片教学手段应用的针对性。它需要体育教师进行全面的考虑。图片内容要突出重点，其所要展现的内容既要囊括某种运动技术的全过程，又要突出体现其某些技术要点。另外，在图片的绘画风格上也要有所要求，力争图文并茂，色彩充满暖意，如此可使图片与文字看起来更加生动，给学生展现出更强的视觉效果。

第三，体育教学图片要能够对学生起到引导和启发作用。兴趣是最好的老师，对于体育教学图片来讲，只有学生真的愿意来看，它才能真正发挥其本应有的作用。因此，特别需要注意，教师应留给学生一定的观察图片文字的时间，与此同时也要结合具体的内容进行简单的讲解，启发学生对运动技术重点与难点的理解，从而防止使学生有一种走马观花的浏览感觉。

第四，通常图片中会有文字描写和注意事项。因此，体育教学图片中文字的写法也是需要注意的内容。为了便于学生观看和记忆，图片中的文字表述可以运用口诀或顺口溜的形式，力求简洁，避免烦冗。

第五，注意图片的位置和用图时机。图片悬挂的位置也是一件需要考虑的事情。首先应该保证的是图片的挂放位置不应离运动场所太远，并且应该挂在适合人眼最方便的位置上以便于学生更加细致地看到图中的文字。这些事情的完成需要一线体育教师的亲自参与，因为他们才是最了解体育教学和学生需要的群体。就图片摆放的位置来说，有些图片是便于移动的“图片教具”，对于这种图片，可由体育教师带到操场，使用完毕后再移动图片，让它远离练习场地，不要影响学生的练习。

运用图片的时机通常为教师进行动作示范前后，也可以运用于标注上课时的注意点，以强化学生对技术要点与要求的特别关注。教学内容通常具有一定的难度，并不是大多数学生都能很快理解教师的示范与讲解，如果教师的语言表达能力不属上成的话，可能越是对某个问题进行解释就越会让学生感到困惑。此时，体育图片的作用就可以很好地展现出来了。体育图片可以是专门订购的产品，几乎所有体育教学运动都有较为系统的体育图片供教学使用，然而这些图片对于众多体育教学难点来说仍旧显得不够用，并不能囊括所有学生提出的问题。为解决这一问题，体育教师可以现场绘制简单的“体育图片”，即一种用于随机问题的简化教学图、组织教学的路线图、运动项目的战术图以及场地器材的运用图。将如此直观的“图片”展示给学生，就会使答疑解惑的过程在一定程度上简单化，学生也会针对其中的疑问进行交流与改进。

（二）多媒体在体育教学中的使用

信息化时代的到来使人们能够通过多媒体技术获取更多的信息，而这也给体育教学带来了更加丰富的教学手段。

当多媒体成为学校教育中不可缺少的手段后，一系列针对各种教学的多媒体设备、软件等应运而生，为教学提供了便捷、有效的方法。最明显的例子就是当初最为传统的学生上课做笔记的形式，已经变为了学生课上认真听讲，课下将教师讲课的课件用存储设备下载，日后慢慢研学。

目前，几乎各个学科都选用了多媒体教学手段。传统观念认为多媒体教学手段对学科类教育有所帮助，而对体育课程的教学用处不大。这种观点从表面来看不无道理，如体育教育的主要形式为身体力行，以活动学生的身体为主要方式。另外，就学校来说，其体育教育的主要目的为培养学生的身心健康，并不会像专业运动队那样对技、战术动作或对对手进行细致的分析，因此，需要用到多媒体教学手段的机会并不多。

然而，运用机会不多不代表其运用是完全没有意义的事。多媒体技术在现今已经渗透到人们生活中的各个领域、各个方面，不会有任何一个领域可以完全摆脱多媒体技术的需要，即便有，其发展也定会显得迟缓，甚至停滞。在实际的体育教学中，由于教学形式的不同，肯定不可能采用先在教室里看完由多媒体演示的运动技术，再到操场上进行运动实践的上课形式。但越来越便携的输出设备，使得学生在需要时可以观看视频或图片。

现代更加丰富的多媒体教学设备展现出了设备更便携、更方便、更快捷的特点，如平板电脑。以它作为设备核心的多媒体教学手段已经基本替代了传统意义的收音机、播音机、手鼓、节拍器等，综合了学生视听觉的各种内容，是一种有待开发的具有广阔发展空间的体育教学手段。

（三）教学用具在体育教学中的使用

教学用具，简称“教具”。它是教师在课堂教学活动中，帮助学生掌握教学内容而使用的专门教学用具。体育教学不同于其他学科教学，体育教学的教学方法和形式，决定了在体育课教学中会使用到大量的教具和体育器材。在早年间由于经济条件有限，体育资源匮乏，许多学校没有过多的体育教学用具，尽管也能开展一些体育教学活动，但这与教学用具丰富的现代学校相比，教学效果肯定是不言而喻的。

具体来说，教学用具是提高教学质量与效果的一种辅助性器材。在现代体育教学中，体育课堂教学中的教学用具包括各种球类、标志旗、固定设备类、辅助运动类器材，如多媒体设备、篮球、排球、足球、多种球类运动的球拍、垫子、海绵坑、实心球、跳绳、跳箱、双杠、单杠、平衡木等。除单杠、双杠这种固定器材外，其余可移动的器材在使用完毕后通常会收纳于体育器材室，随取随用，取用登记。

通过分析体育教具的用途，教具可归纳为障碍类、限制类、辅助类。其中障碍类有助于增大练习难度，发展学生体能；限制类可以帮助学生解决运动技术的问题；辅助类可以作为标志物，划分场地和多种接线，提醒学生的有意注意。例如，在篮球运动教学中为了增加学生投篮手臂的力量，可以采用提拉哑铃配重片的方式进行练习；在灵敏、速度和耐力等素质练习中，可以利用双杠做两人两端支撑上杠异向越杠下落相互追逐的游戏等。

（四）标志物在体育教学中的使用

在体育教学中，各种各样的标志物绝对是不可缺少的工具。标志物的作用主要是提示学生在运动过程中注意到某种事物，这种事物包括活动区域的边界或者是安全警示等。不论是在以往的体育教学还是现代体育教学中，它都必不可少，应用非常广泛。有时在没有专门标志物的时候，一块石头、木板，甚至是树枝都能起到标志作用。因此，从这些性质可以看出，标志物并不完全归属于教具的范畴中。但是在教学过程中，标志物又是必不可少的辅助工具。例如，在足球运动教学中，战术训练内容需要用标志锥桶划分场区或战术执行区；在乒乓球的发球训练中，为了强化发球落点意识，教师会在球台的另一端用白色纸条贴出一个发球落点区；在体育舞蹈的教学中也会通过在场地中贴明显标志点的方式，明确舞程行进的终点或起点。还有如在练习跳远时，为了避免学生产生厌跳心理，可以先让学生通过跳皮筋的方式转换一下心理。

（五）场馆与器材在体育教学中的使用

体育场地和体育器材是体育教学中必然用到的。这两个事物是体育教学活动中的基础设施，也就是说，没有体育场馆和体育器材的教学，不能完全称其为体育教学，当然也就不能达到体育教学效果。作为体育教学的基础设施，自然就需要学校的资金投入用以建设和维护。

实际上，学校中还有很多设施看似完全不是体育场所或器材，但它们也能在某些时候充当体育场地和器材。例如，体育馆的墙壁、楼梯、室外活动设施等，其中楼梯可以被用来作为腿部力量练习的“天然”设施。此外，还可以在墙壁上画控制投掷高度的上、下限制线；利用体育馆的墙壁进行垫球练习；利用学校中可能存在的有坡度的地形，给学生的跑步练习增添负荷；

利用肋木、平梯进行攀爬、穿越等障碍跑游戏，以锻炼学生的力量；等等。这些都是将校内场地设备资源作为良好教学手段的较好设想，也是节约体育活动财物、开发校内资源的重要举措。

（六）自制器材在体育教学中的使用

体育教学是一项较为严谨和系统的以身体活动为主要方式的练习，尽管如此，在教学过程中也会遇到一些非常规的练习，但正规器材可能并不适合这些练习，因此为了应对这些练习，有时就需要教师与学生自制一些恰当的器材。特别是那些经验丰富的体育教师，经过多年的教学积累开发了许多非常实用的教学手段，对教学实践具有独特的作用，使用起来也很方便与简单，特别适合条件较差、教具不多的农村学校或偏远学校。

自制教学器材有诸多优点，如制作简易、实用性强；另外，制作自制体育器材的过程也是培养学生动手能力的过程。例如，自制沙包、自制锥桶标志，还可以用空矿泉水瓶装满沙子作为练习投掷项目的投掷物，用大小不一的轮胎制成“摇摆桥”“铁索桥”等。

如巧制纸球提高学生实心球成绩。在日常的实心球教学中，学生往往会出现出手速度不够、实心球出手角度偏低等错误动作，对此，可以制作一种纸球，将其作为实心球教学的辅助手段，这对纠正错误动作、提高成绩具有积极的作用。再如，自制排球垫球辅助带用于排球垫球的教学。由于松紧带具有伸缩性，将松紧带环套在两手腕上，有助于练习者夹紧两手掌根处，并促使练习者屈膝下蹲做好准备姿势。在练习过程中，在两臂由下而上抬臂击球时，松紧带产生了一个向下的牵引力，练习者可以体验以肩为轴，促使肘关节不弯曲，同时，手臂越抬高越费力，从而限制了手臂抬得过高的问题。此外，松紧带可以作为手上的标志，要求垫球位置在套在手腕上的松紧带以上部位。

有效的“一物多用”可以使手边的器材充分发挥自身的作用。如栏架可以用来跨栏，也可以用来作“门”进行各种投掷、射门等活动；体操垫平放、竖放、“人”字形放可以用来做各种跳跃活动，也可进行搬运等活动；彩带可以改装成小彩球进行各种轻物投掷活动；毽球可以改装成羽毛球。巧妙利用周边环境中的物体也是自制器材的重要方法，如树木可用于摸高或攀登练习；甚至一颗小石子、一片树叶等都可以变成体育器材，如在换物接力时可以用一颗小石子、一片树叶来代替交接物；等等。

三、体育教学手段的创新

创新是事物发展的根本，在 21 世纪的今天，创新更是各个领域非常关注的问题。就体育教学手段来说，它可以连带促进体育教学中其他环节的快速发展，因此，体育教学手段的创新可以称得上是一块推进体育教学整体前行的铺路石。鉴于它在体育教学领域的重要性，本章就重点对相关理论、创新过程中存在的问题以及创新途径进行探索。

（一）体育教学手段创新的意义

现代科技发展速度日益加快，信息、事物连同诸多概念的更新速度也在加快。对于越发受到关注的体育教学来说，传统的体育教学手段显然已经表现出了陈旧和古板。因此，为了顺应时代的发展及体育教学的进步，将体育教学手段及时更新就成为不能忽视的问题。

现代技术的进步为体育教学手段的创新提供了坚实助力，现代化教学手段拥有丰富的功能组合优势，包括声音、图像、动画、文字等多种组合，这些组合为体育教学带来了丰富、灵活的实践帮助，更加有利于学生通过接受这种手段的教学而顺利掌握体育知识或技能。由此可见，体育教学手段的创新对丰富体育教学中的理论知识和与实践联系具有重要的现实意义。

1. 激发学生参与体育教学的兴趣

从心理学角度来看，兴趣是吸引人们主动参与某种行为的关键因素。俗语中也有“兴趣是最好的老师”的说法。传统体育教学手段已经不能激发起现代学生对体育教学的需求和兴趣了。如果此时改变体育教学手段，则可以给学生一种耳目一新的感觉，让学生感觉到体育锻炼变得更加有趣，给学生一个全新的学习角度，以此更充分地培养学生的学习兴趣和激发他们的求知欲望。

体育教学手段的选择与使用也是对体育教师综合能力的一种考验。合理的现代化体育教学手段的运用，能够创新性地创造一个与教学需求相吻合的学习氛围，让学生能够在由这种新的体育教学手段加入的课堂中产生对体育运动新的感悟。

创新体育教学手段还可以有效激发学生的学习兴趣和培养学生顽强的意志。另外，恰当地创新体育教学手段还可以在日常体育教学中培养学生对体育，甚至是某项特定的体育运动项目的兴趣，从而由此作为培养学生体育特长的起始点。而且新的教学手段也有利于重新集中起被传统教学手段消磨掉的注意力。

由于现代信息技术的迅速发展和逐步应用于教育教学，体育教学可以借助它们的优势组合，来培养学生的兴趣，调动学生的积极性。

2. 有效提升体育教学的直观性和准确性

体育教学不同于其他学科教学，它所考量的不仅是学生的智商，还包括除智商外的其他综合性能力，如学生对新事物的悟性、身体的协调性以及处理人际关系的能力等。

由于体育教学考量学生的方面众多，因此，在教学过程中几乎没有哪个学生的运动技能完全正确，不会出错。为此体育教师在教学中要随时关注学生动作的正确性和合理性，不合理的动作不仅不能达到强身健体的目的，甚至还会给学生带来运动损伤的风险。要想使学生的动作正确，首先就要从最初的讲解和示范入手。传统的讲解示范由体育教师完成，不同的体育教师的示范动作大体相同，但各有差异，因此，学生对这些示范动作的再理解就更增添了对原本动作的偏差。实际上，可以说大部分学生在练习中动作不到位、错误与体育教师动作示范效果的不到位有关。那么，为了尽量杜绝这种情况的发生，就需要一种完全规范化的、量化的手段，以减少和避免学生在练习中产生的错误。这就是体育手段创新要注重直观性和准确性。例如，在乒乓球教学中，乒乓球运动的快速特点使得技术动作也要保持这一特点，教师在对快速动作的讲解中自然会放慢动作演示，此时学生通过观察动作获得表象信息传入大脑，从而建立动作图像。如果此时教师再通过利用优秀运动员的比赛视频，截取出所要讲授的动作并通过正常速度和慢速播放的方式让学生观看，就更能为这一动作的讲解提供一个强有力的、非常具有感官性的补充。而且学生可以相互评价，这样能够避免出现许多常见错误动作，从而使学生快速掌握动作。学生对运动技术的思考和讨论也是提高他们学习自主性的好机会。

体育教学已经成为现代素质教育的重点内容，为此，与之相关的多种样式的多媒体教学软件被设计出来并运用在教学实践中。使用多媒体教学软件能避免很多体育教学中存在的问题，且运用时机较为灵活。多媒体软件是一种可以对某项体育运动进行针对性讲解和示范的教学手段，通过对关键点的展示和讲解，抓住动作的关键部分，反复播放这些难点动作，达到突出重点、难点的目的。

以多媒体软件为代表的现代体育教学手段的应用，不仅有效提升了体育教学的直观性和准确性，弥补了在一些较有难度的动作技术上示范不标准的缺陷，同时还极大地提高了体育教师的教学效率，缩短了教学课程，这些无疑都会使师生双方获得双赢。

3. 有利于教学内容中重点、难点的精研学习

相比于现代丰富多样的体育教学手段，传统的体育教学手段明显受到较多因素的限制，相信体育教师也意识到无法在课堂上把所教授的内容淋漓尽致地传授给学生，或者认为自己已经讲解得非常透彻了，可为什么学生还是有很多不理解的地方。除此之外，教师在教学课堂上进行多次讲解和示范，极易出现学生产生误解的可能。而现代体育教学手段的出现，就可以有效解决这类问题，如利用现代化的教学手段，教师可以在幻灯片或者影片当中突出重点和难点，或者可以在课堂教学开始之前播放一些有利于学生理解的视听教材以提高教学效率。这是体育教学手段创新的一个重要目标。

以多媒体技术为例，通过多媒体可以将文字、图像或声音有机地组合在一起，把知识、技能等信息传递给学生，学生可以从更多的角度捕捉到动作要领，这使得一些在传统的教学手段下无法体现的动作过程显示出来，直观形象的信息非常便于学生对事物的理解和模仿。因此，这就使得过往一些被体育教师认为是“老、大、难”的技术教学变得简单，如此大大节约了教学时间，提高了体育教学的效率。

（二）体育教学手段创新的途径

1. 加快转变体育教学理念

随着我国迈入信息化时代，网络教学已经开始用于教育实践当中。从实际效果上来看，其获得了不错的教学效果和评价。为了与之相适应，体育教学理念也要紧随其后，为此学校体育教育管理部门和一线体育教师要敢于接受新鲜理念和新事物，积极为新型体育教学手段应用提供便利条件。特别是体育教师要不断完善自我，坚持学习现代教学设备的使用方法，这是新形势对现代体育专业教师的一个基本要求。只有提高高校体育教师的计算机应

用水平和独自制作教学素材的能力，在体育教学中充分发挥多媒体信息现代化教学手段的优势，为现有的计算机网络设备提供相应的技术支持力量，才能最终发挥出现代化体育教学手段应有的巨大潜力与作用。

2. 强化体育教学手段的创新意识

要想得到良好的创新成果，首先要具有良好的创新意识。学校体育现代化的教学手段能否摆脱传统体育教学的束缚，真正地转变为与时俱进，不断更新和发展的现代化体育教学模式，关键在于学校体育教学手段是否具有创新性。

另外，一线体育教师和学校体育教学管理部门，他们能否形成正确的思维方法和创新意识也是手段创新成功与否的关键。以教师为例，如果他具有创新精神，在教学中甚至在与学生平日的接触中，他都会从各个角度和层面激发学生对体育运动的兴趣，并能不失时机、随时随地进行创造型素质培养。不过仍有许多体育教师对体育教学手段的创新并没有产生太大兴趣，表现出安于现状、不思进取的态度，如此自然影响了体育教学创新思维的发展。实践表明，教师只有具有高度的工作责任感，不断激发学生的创造欲望，满足学生的心理需要，并能够不失时机、随时随地进行创造型素质培养，才能使现代化教学手段获得创新的保证。

3. 着力完善体育教学硬件设施

在我国，多媒体计算机技术进入体育术科教学领域的时间不长，在应用过程中，开展体育术科现代化多媒体辅助教学的硬件资源建设相对较弱。有些高校的体育教学，多是借助其他学科多媒体教室或教学场馆，缺乏专业的体育术科教学实验室或多媒体教学场馆。因此，高校专业体育教学应加大资金的投入和建设力度，使与体育教学相关的场地设施器材装备齐全，保证体育多媒体教室设备及体育教学实验室仪器数量、质量和功能的完整。现代化、完善的体育教学设施，是实现体育术科教学手段现代化的先决条件和坚实基础。

体育专业教学在保证硬件设施的同时，应重视利用这些现代化教学设备，使其更好地为体育术科教学服务。在以往的体育教学中，技能、技术的传授主要依靠体育教师的示范与讲解。虽然教师能很好地完成示范动作，但也会因完成动作示范的周期时间过短使学生很难清楚地了解该动作的整个过程。如果在学习这些技术动作之前，教师先带领学生利用多媒体教室，采用现代化技术，观看完整的技术动作分析，或者在室外实践学习之后利用多媒体仪器记录并分析学生的技术动作，就可以对错误进行及时的改正。比如，利用现代化多媒体慢放功能，可以使学生观看到完整示范、逐帧分散示范和不同难度动作示范，使快速多变、连贯的动作变为缓慢、分解、停留的画面，有助于学生了解动作之间的内在关系，化繁为简，把客观事物具体化、形象化；它的形、声、色直接诉诸学生的感官，刺激和激发大脑皮层的兴奋，比传统的教师示范讲解、学生实践模仿的教学方法更容易被学生所接受。又如，体操项目中的多媒体教学可采取摄像的形式，通过标准动作讲解、录像示范、不同角度拍摄学生的练习来进行教学；也可在教学训练过程中采用体育 CAI 课件，通过在训练馆内设置专门的同步摄像，并与 PC 机相连，CAI 课件会自动地把学生的动作记录下来，再通过反复回放、定格或慢放等手段与课件内标准示范进行对比分析，使学生找到错误所在并加以纠正，最终达到良好的学习效果。

此外，在大多数体育院校中，体育教学实验室多被应用到测量或者理论教学实验中，而较少应用到体育技术课教学中，这就大大降低了体育教学实验室的利用价值。应该把体育教学实验室合理利用到体育术科教学中去，使体育教学手段成为一种由体育多媒体、教学实验室和室外技术实践有机结合而成的术科教学模式，这种优化组合后的教学手段能更实际地为现代化体育教学所用。例如，排球的扣球教学，由于动作快，且在空中完成，其技术最为复杂，学生学习难度大，因此，教师可先通过多媒体让学生观看录像，示范讲解优秀运动员的扣球技术，同时利用实验室来让学生体会扣球技术动作中的背弓和手臂的鞭打技术特点，最后在实践中，结合音乐来控制学生练习时的抛球及扣球的时间和节奏。选择该教学组合模式不仅能使学生掌握正确的技术动作、时空感、节奏感，同时也达到了提高学习效果的目的。

4. 加大体育教学软件的开发力度

随着教学基础设施条件的改善，教育技术现代化进程的加快，体育教学中应加大开发体育术科教学软件的力度，使其能更好地配合硬件设施，使现代化教学手段能更好地发挥作用。我们可以把体育教学中融计算机、投影仪、录像播放为一体的多媒体技术作为基础设施，把难度较大的动作技术经过软件整理，制成电脑动画，编辑成可重复的、慢速的、多方位的、动静画面相结合的演示，再配以简洁生动的文字说明，来代替教师的示范，使学生清楚地了解所学动作的技术要领和动作结构，从而加速学生正确动作概念的形成，提高教学效率。

制作好的教学软件，可读性强，能激发学生的学习兴趣，为此教学软件的开发和利用对体育教学具有非常重要的意义。例如，在篮球的体能教学训练中，如果只依靠个人进行单纯的体能训练，或者运用多媒体幻灯片进行大量的理论文字讲解对课堂而言都是枯燥和乏味的。如果我们在体能电子教案中以大量的动画制作为主要内容，并编辑录制或采集一些精彩的体能训练视频，利用一定的软件制作来进行反复的观摩，使其具备更多的观赏性，最后以文字理论或教师的讲解为辅助教学，就能够更直接地刺激学生的感官神经，使其对该课程产生好奇和兴趣。这种越来越先进的体育教学软件，对改善体育教学内容的主要表现形式、学生对所学内容的领悟方式以及体育术科教学的教学模式都将产生较为积极的影响。此外，学校应建立并丰富相应的网上教学资源库，让学生通过校园网在本校或校外课件库和教学资源库中在线点击获取自己感兴趣的知识，使学生从被动接受知识的模式中解放出来，与高度互动、个性化的智能环境相适应。校园网、体育教学信息库的不断改善以及师生目前所拥有的高科技产品的不断增多，都极大地方便了现代化体育术科教学软件的研制、创新和传播。因此加大体育教学软件的开发力度，对实现体育术科教学手段的现代化起着十分重要的作用。

第五章　高校体育教学过程与评价的发展

第一节　高校体育教学过程的内涵、层次与规律

一、高校体育教学过程的内涵

（一）体育教学过程的含义

对体育教学过程含义的认识主要表现在以下三个方面：第一，体育教学过程是实现体育教学目标的途径，这是因为体育教学目标是通过体育教学活动的实施才得以实现的；第二，体育教学过程是有组织的程序和有计划的安排，这是因为教学过程是依据体育教学计划进行的，具有教学组织性和计划性；第三，体育教学过程是学生掌握各种体育教学知识、运动技能及体育活动的过程。体育教学过程是由教师的“教”和学生的“学”组成的，是知识和技能的传递过程。

根据以上三种有关体育教学过程的认识，将体育教学过程定义如下：体育教学过程是为了实现体育教学目标而有计划地组织和实施的，在此过程中完成知识和技能的传授，帮助学生获得体育相关知识和技能。在整个教学中，根据教学的进程，可以将体育教学过程分为以下几个层次：第一，超学段体育教学过程。这是对整个学校教育中体育教学的总结，包括从小学到大学毕业所规定的各种学习阶段的教学。因此，也可以将超学段体育教学过程称为体育教学的总过程。第二，学段体育教学过程。学段体育教学过程就是学校教育的各个阶段的体育教学过程，如小学阶段、高中阶段、大学阶段的体育教学过程。第三，学年或是学期体育教学过程。学年体育教学过程的单位是年级，如五年级体育教学、六年级体育教学，学期体育教学过程指的是整个学期的教学，包括上下两个学期。学期体育教学过程较学年体育教学过

程而言，时间较短，是以学期为主要的划分单位，如三年级上学期的教学过程即为学期教学过程。第四，单元体育教学过程。顾名思义，单元体育教学过程就是以教学单元为单位的教学过程，如篮球单元的教学过程、足球单元的教学过程。第五，课堂体育教学过程。课堂体育教学过程是指从上课到下课一节课时间的教学过程。

（二）体育教学过程的性质

体育教学过程是体育教学的重要组成部分，是体育教学活动的体现，也是体育教学的必经之路。这一环节还包含教师的“教”和学生的“学”，因此涉及的相关因素较多，应该引起每一位教学工作者的重视。体育教学过程具有以下几种性质。

1. 体育教学过程是学生掌握运动技能的过程

每一种知识和技能的教授都是一个严谨有序的教学过程，并且每一个教学过程都有其相对应的意义。知识类学科的教学过程主要是学生识记概念及运用判断、推理等思维方式掌握学科所需的知识，发展学生的智力；而体育教学过程是通过不断引导学生进行身体练习，帮助学生掌握运动技能，同时促进学生的身心健康发展。例如，在体育教学过程中，教师通过不断指导，使学生掌握篮球的比赛规则和投篮技巧，并通过这种运动的进行，培养学生的应变能力。由此可见，体育教学过程实际上就是学生掌握运动技能的过程。

2. 体育教学过程是提高学生运动素质的过程

运动技能的获得和运动素质的提高是相辅相成、相互促进的关系，因为运动是通过肌肉群的做功完成的。因此，反复的练习能够有效地提高肌肉群的运动素质，体育教学本身就是一个不断提高学生运动素质的过程，也是一个不断增强学生体能的过程。例如，学生刚开始接触立定跳练习的时候，会感觉大腿内侧肌肉有明显的紧张感和酸胀感；但是通过一段时间的练习后，学生不仅能够掌握此项运动的技巧，还会使身体对此项运动产生一定的适应性。因此，在进行体育教学的过程中，教师不仅要注重学生对体育技能的掌握，还要关注学生运动素质的提高。这就需要教师在设计教学、安排进度和选编内容的时候不仅要注重学生运动技能的提高，还要注重学生运动素质的培养。

3. 体育教学过程是学习知识和形成运动认知的过程

体育是一门涉及内容较多的学科，是人文学科和自然学科的综合体。体育教学在要求学生掌握运动技能的基础上，也会涉及许多其他相关知识的学习和运动认知的获得，就认知理论而言，这也是学生掌握运动技能和提高运动素质的基础。有很多的体育运动可以在运动的过程中提升学生的反应能力，通过动作的反复练习，增强学生的体能，发展学生的智力，因此学习过体育运动的人和没有学习过体育运动的人在认知的发展上存在显著的差异。由此可见，在某种程度上，体育教学的过程也是学习知识和形成运动认知的过程，教师应当对此给予重视。

4. 体育教学过程是集体学习和集体思考的过程

体育教学的主要教学形式是集体教学，这主要取决于体育运动的特点。大多数的体育运动是由集体或是小组共同完成的，包括体育学科知识、技能，甚至是体育运动素养的形成都需要建立在集体这一平台之上。随着体育教学改革的不断深入，当今社会对体育教学的要求也逐渐趋于集体化，以便充分挖掘集体教学过程中的潜在作用。集体教学活动本身能够促进生生之间、学生与教师之间的互动和交流，培养学生的集体主义精神，提高学生的社交能力。例如，在对学生进行体能训练的过程中，学生之间能够互相帮助，同时能促进经验和技能的交流，从而促进教学质量的提高和教学目标的完成。

5. 体育教学过程是体验运动乐趣的过程

体育运动与学生的身体息息相关，从生物学角度看，运动的过程实际上是身体经过生物学改造的过程，同时也是身体和心理方面体验运动乐趣的过程。这种运动乐趣既是运动本身所特有的一种性质，也是学习体育课程的基础和条件，更是培养学生终身体育意识的基础。因为在文化课的教学过程中，学生的肢体语言、空间感和交流的自由感等都是受限的，但是在体育课堂上，这些限制被打破了，学生能充分地体验自由交流的乐趣，体验放大的空间带来的满足感，甚至能体验到运动带来的成就感。例如，学生刚开始接触一项运动的时候，因为不熟悉，往往会产生焦虑感；但经过长期的锻炼后获得这种技能，就会产生强烈的成就感。因此，体育教学的过程具有体验运动乐趣的性质。

二、体育教学过程的层次和特点

（一）超学段体育教学过程及其特点

超学段的体育教学过程是指学生从小学开始到大学毕业的整个体育教学过程。在这十多年的体育教学过程中，学生所享受到的是国家规定的体育教育。超学段的体育教学过程具有以下特点。

1. 强制性

此教学过程受到国家教育意志、社会、政治、经济发展状况和生产力发展水平等多方面的直接影响。由国家安排的超学段体育教学过程可长可短，12 年到 16 年不等。超学段的体育教学过程是由国家控制的，体现的是国家教育课程设计思想和国家对体育教育的期待，其过程的目的和目标充分反映了国家的意志与要求，是一个宏观的、系统性的学科教育过程。

2. 多模式性

超学段的体育教学过程具有多模式性。超学段的体育教学过程是由若干个学段的体育教学过程组成的，而每个学段的体育教学过程又受各段教育性质的影响，时间长短不一，这使超学段体育教学过程并不一致。特别是由于我国人口众多、地域广泛、民族差异显著，因此使超学段体育教学过程在目标表述、教学内容、学时规定及教学特点上均具有多模式性。

3. 非全体性

超学段体育教学过程包含基础教育、中等教育和高等教育三个阶段，由于教育普及程度的问题，并不是每个学生都能享受到上述完整的三个阶段的体育教学过程，因此它对学生来说具有非全体性的特点。

（二）学段体育教学过程及其特点

按当前我国教育的学制进行划分，学段体育教学过程可以分为小学、初中、高中、大学等体育教学过程。学段体育教学过程表现为某个学段的“课程方案”或“学段教学计划”，它的特点主要有以下几方面。

1. 发展阶段性

学段体育教学过程划分的主要依据是学生的身心发育规律。例如，高校大学生处于人生生长发育的最后一个高峰期，体格、体型等已近似成年人；同时处在脑细胞建立联系的上升期，大脑发育逐渐成熟；性机能日趋成熟。此外，高校大学生的心理发展也有较大变化，具有强烈的自我意识、抽象思维发展、情感丰富、意志水平提高等。因此，大学学段体育教学过程要体现大学生上述生长发育的特点，这就是发展的阶段性。

2. 相互衔接性

与超学段体育教学过程相比，学段体育教学过程是其进一步的细化，它是把超学段相对多样的、宏观性的国家体育课程目标、内容和要求进一步进行分解和细化，合理地分配在几个相互连续和相互衔接的学段中，并使之有机地结合起来。学段的体育教学过程主要是由国家来规定原则，各级学校具体设计的。

（三）学年体育教学过程及其特点

学年体育教学过程是指根据学校的体育教学情况，针对学生的特点，把学段体育教学标准和方案的内容、任务、要求等具体地分配到学年中，使之相互衔接，并付诸实施的过程。它是一种客观的体育教学过程，此过程一般由各级各类学校的体育部门来掌控，主要体现在学校的学年教学计划中。学年体育教学过程的主要特点有以下几方面。

1. 系统性

学年体育教学过程要完成学段体育教学的要求和目标，而学段的教学目标如何分解、教学内容如何排列、教学时数如何分配、学年与学年之间又如何衔接等均是学年体育教学过程要着重解决的问题。因此，学年体育教学过程不仅要注意学段中各学年体育教学过程的关系，还要注意学年内两个学期间体育教学过程之间的关系，因此其系统性比较强。

2. 周期性

学年体育教学过程的计划和安排要考虑体育教学内容的周期性。另外，要明确在全年 32 ~ 36 周的体育教学过程中安排什么教材、安排在哪个学期、出现几次、教学内容之间的相互关系等。

3. 承启性

学年体育教学过程具有明显的承上启下性，它是超学段体育教学过程、学段体育教学过程和学期体育教学过程的连接点，对上具有体现作用，对下具有指导作用，是宏观过程转向微观过程的中间环节。学年体育教学过程也是超学段、学段体育教学过程的具体化，它实施的效果直接影响到体育教学的质量。

（四）学期体育教学过程及其特点

学期体育教学过程的设计是根据教师、场地、气候、教材的特点和教材性质等条件，将学年体育教学过程的内容、要求及任务分配到上下两个学期的各个教学周中去。此教学过程一般由各级各类学校的体育教师和体育教研室来掌控，体现在体育教研组的学期教学计划中，其主要特点有以下几个方面。

1. 季节性

设计学期体育教学过程最主要的是应根据季节变化和当地的气候特点，把学年教学过程中所选择的各项教材合理地安排到各个学期中去，使体育教学适应季节的变化。比如，在秋冬季安排中长跑、滑雪滑冰及室内运动项目的教学，而在春夏季安排体操、武术、游泳等项目的教学。

2. 集散性

确定了学年体育教学内容之后，就要根据学生素质与教材之间的关系、教材的难易程度及气候的变化等具体情况，将选定的教学内容分配到该学期的各教学周中去。此时就涉及教学内容的排列关系，即各项教材的集中与分散排列的问题。要根据教材的性质及特点，确定其在教学过程中应该集中排列还是分散排列。

（五）单元体育教学过程及其特点

单元体育教学过程是指教师按照学期体育教学过程方案，按教学内容的学理性，安排教学单元，进行课时分配并实施教学的过程。单元是体育教学过程的基本单位，是由若干课时组成的“教学板块”。单元体育教学过程在体育教学中具有重要的意义，它体现在体育教师的单元教学计划中，其主要特点有以下两方面。

1. 变化性

单元体育教学过程有长有短，其长短实质上决定了教学的容量、质量，因此具有显著的变化性特点。每个单元的长短因教学目标、教材难度、学生水平、场地设施、教师水平的差异而不同。一般情况下，技术不太强、教材难度不大的单元体育教学过程可短一些，如游戏、走、跑等教材；低年级的单元也应相应地短一些；而高年级随着教材的复杂程度及难度加大，单元教学的过程则会长一些。

2. 学理性

单元体育教学过程具有较强的学理性：在安排和设计单元教学过程时，教师主要应根据教材的学习原理，突出教学目标和任务要求。同一教学目标可设计出不同的教学单元结构。比如，篮球项目的教学可以设计为先分解再到整体教学的单元结构，也可以设计为先整体再到分解，最后到整体教学的单元结构。后者往往比前者在设计上更具科学和实用性，也就能避免学生学了篮球的技术但不会打比赛的现象。对比两种不同的单元设计，便可清晰地发现其问题所在。

（六）学时体育教学过程及其特点

学时体育教学过程是指教师根据单元体育教学过程对每节课的要求组织实施体育教学的过程，也就是通常意义上讲的体育教学过程。根据学段和学校情况不同，有的学时教学过程为 40 分钟，有的为 45 分钟。学时体育教学过程实践性较强，它是超学段、学段、学年、学期和单元体育教学过程实现的主要环节。学时体育教学过程的主要特点有以下几个方面。

1. 结构性

学时体育教学过程作为体育教学的主要实践环节，具有一定的结构性。这个结构遵循着课堂教学的规律，遵循着学生身体机能活动的规律，遵循着学生认知的规律。所以，在学时体育教学过程中，教师的教学要有一定的结构、层次和逻辑性。比如，课堂教学既可按“三段式”结构，即按开始部分、基本部分、结束部分来展开，也可按导入、学习、活动、结束等结构展开。

2. 行为性

与其他阶段的体育教学过程相比，学时体育教学过程最大的特点是行为性。它表现为一种积极的教学实践，无论是从学生还是教师的角度来看，都是实实在在的行为过程，是在教学时间里发生的教学行为。

3. 方法性

学时体育教学过程作为一种教学行为存在，要注重教学过程中方法的应用。方法主要指教法、学法和课堂组织与管理的方法等。这些方法是完成学时体育教学过程目标和任务的关键因素，也是完成学时体育教学内容的轴心。

（七）技术学习点教学过程及其特点

技术学习点（10 ~ 30 分钟）教学过程是指在学时体育教学过程中，课堂教学的关键和核心部分，也是课堂教学中的重点和难点部分，时间长短不等，在 10 ~ 30 分钟之间。技术学习点教学过程也具有较强的实践性，它是学时教学过程中的重中之重，主要特点有以下两个。

1. 技能形成的基本单位

技术学习点教学过程是课堂教学的重点部分，课堂教学往往要围绕这个点展开，所以在这个点上要特别注意学生技能的形成，在这个技术学习点时间内要突出学生学习的重点、难点和技术的关键，关注学生掌握技能的情况，使教学的其他目标和任务的实现建立在学生技能形成的过程中。只有学生掌握了技能，才有可能实现其他领域的目标和任务。

2. 身体负荷性

技术学习点教学过程的另一个特点是要利用学习的重点来增加学生练习的负荷，在学习的高峰时期和注意力集中时期，增加学生的练习负荷，提高学生的生理承受能力，以达到增强体质、增进健康的目的。

三、体育教学过程的规律

任何一种事物的规律都是客观存在的，是事物发展过程中的本质属性和必然联系，是事物本身所固有的。体育教学过程作为一种以运动为媒介，以促进学生身体素质的提高和综合素质的养成为根本目的的活动，也必然存在一定的规律性。因此，教师首先应该了解体育教学的基本规律，只有在教学过程中遵循这些客观规律，才能更好地实现体育教学的目标。

（一）社会制约性的规律

虽然体育教学与其他学科教学相比存在着显著的区别，但其归根到底是一种教学活动，是一个培养人的过程。因此，体育教学必然会受到一定的社会物质、文化水平、社会发展需要的影响，尤其会受到社会教育目标和教学内容的影响。由此可见，各国的国情不同，人们的素质和文化水平也有所不同，体育教学的目标和内容也就有所区别。从目前我国体育教学的现状看，体育教学是学校教育的重要组成部分，和其他学科教学共同承担着实现学校教育的任务。除此之外，体育教学的过程也受到社会经济和政治水平、文化发展水平、科学技术水平的影响。当国家经济和技术水平较高的时候，在运动器械的购置和配备上也较为先进，这对教学的内容、手段和教学的目标都会有所影响。因此，体育教学的过程必须与社会发展的条件和需求相适应，并随着社会的发展变化而变化，这是体育教学过程中社会制约性的规律。

（二）学生身心发展的规律

体育教学的对象是学生，学生是一个不断成长的个体，其身心发展具有一定的规律性，因此在进行体育教学的过程中，无论是制定体育教学目标，安排教学内容，采用相应的教学组织形式，还是选择相应的教学方法和措施，都必须从学生的年龄、性别、认知水平、接受能力等身心发展的特点出发，要确保教学过程中的各种因素符合他们的接受能力和体质状况，以便教师选择最佳的教学方法，因材施教，促进教学目标的实现和教学效果的取得。传授体育教学知识、技能，促进学生身体和心理素质健康全面发展，不仅是学生成长过程中的需要，还是当今社会对学校教育的根本要求。在教学过程中，教学内容影响着学生的身心发展，而学生的身心发展又在一定程度上反作用于体育教学的内容和方法等。

（三）认识事物的规律

教学的过程实际上也是一个培养学生认知能力的过程。体育教学作为一门学科教学，学生在学习和掌握体育知识、技术和技能的过程中，也必须遵循认知活动的规律。体育教学是一门相对较为复杂的学科，它要求学生在学习的过程中将感知、思维和实践三个环节紧密地结合起来。感知是学生认识事物的开始，也是学生学习的基础，教师只有将事物的表象在学生的头脑中建立起来，才能进行知识和技能的传授；思维是形成理性的认识、掌握运动技能的关键；实践是对体育知识和技能的巩固，是知识应用和技能提高的必经之路。体育教学是一门实践性极强的学科，侧重于技能的传递，因此教师在教学过程中也必须遵循认识事物的规律。比如，在进行跳远这项运动技能的教学时，教师首先要让学生认识到什么是跳远，这是感知的阶段；其次让学生思考如何才能跳得远；最后让学生进行反复的实践练习，最终掌握跳远的方法。这反映了教学过程中学生认识事物的客观规律。

（四）教育、教养和发展相统一的规律

教学的过程也是学生接受教育的过程，随着教学的不断改革和发展，教学的目标也在不断完善，注重学生全面发展已经成为现代教学的总要求。

因此，体育教师在教学过程中也应该结合对学生知识、技术和技能的传授，注重学生的思想品德教育，促进学生的个性化发展，力争在向学生传递体育运动相关知识和技能的过程中，使学生的思想感情、精神面貌、意志和品格等都受到陶冶并得到显著提升，这是当今体育教学的教育目标。与此同时，体育教学又是指导学生不断认识和掌握相关知识和技能的过程，教师要以一定的专业知识和技术武装学生，这也是体育教学的教育目标。教学能够提高学生对体育学科的认识，增强学生对体育运动的兴趣，促进学生对正确学习方法的掌握，并培养学生在学习过程中的自信、自评能力，为终身体育打下坚实的基础，这是体育教学的发展目标。例如，在进行足球运动的教学时，教师要通过这种集体性的活动，培养学生的集体意识和团结合作的能力，培养学生足球运动的素养，激发学生对足球运动的兴趣，从而使其将这项运动作为终身性的运动。由此可见，体育教学过程遵循教育、教养和发展相统一的规律。

（五）教师的“教”和学生的“学”辩证统一的规律

教学的过程包括两个不同的方面——既是教师“教”的过程，也是学生“学”的过程，二者是相辅相成、互相影响的。为了全面提高体育教学的质量，体育教学工作者必须正确认识教与学的关系，在教学过程中既要充分地发挥自己的引导作用，又要重视学生的主体地位。教师需采用科学有效的教学方法，引导学生掌握体育教学的相关知识，并通过实践过程的引导，使学生逐渐将这种知识转变成技能。而在这一教学环境中，学生是学习的主体，是教学成功的内部根源；教师的教学是外因，外因只有通过内因才能起作用。如果教学的过程中没有学生思维的运转、运动的实践，只依靠教师灌输，是无法达到教学目标的；反之，如果教学的过程没有教师的指导，仅仅依靠学生的摸索式学习，那么学生也无法掌握正确的学习方法，从而无法实现学习目标。例如，在进行排球运动的教学时，如果学生不主动学习，那么教师所讲授的技能就不能被学生所掌握；反之，如果教师不进行讲解，排球运动的相关知识和技能就不能被传授给学生，排球运动对于学生而言，也就无任何意义。由此可见，教学的过程存在教师的“教”与学生的“学”辩证统一的规律。

（六）动作技能形成的规律

开展体育教学的主要目的之一是让学生掌握一定的运动技能。任何一种运动技能的习得都要经历从不会到会、从不熟练到熟练的过程。动作技能的形成一般要经历以下三个阶段：粗略掌握运动动作的阶段、改进和提高的阶段、巩固和运用自如的阶段。因为在进行体育教学的过程中，每节课只有45分钟，每周所安排的体育课时也较少，所以在日常的教学过程中，教师不可能对每节课都按照“三段式”的教学理论进行，但是对于一个完整的体育运动而言，任何一种体育运动的教学都要经历这三个阶段。例如，在进行体操教学的过程中，在前面的教学中，学生能够在教师的指导下进行粗略模仿；随着教学的不断推进，学生能够对自己的错误动作加以改正，使运动更加规范化；经过不断的实践和练习，学生自己能够完成连贯的体操动作。这就是体育教学过程所遵循的动作技能形成的规律。

（七）人体机能适应性的规律

在学生刚开始接触某种体育运动项目的时候，体内会产生一系列的变化，机体对这些变化会有一个适应的过程，存在一定的规律性。当人体进行某种运动的时候，由于肢体和肌肉群的做功，身体会承受一定的生理负荷，体内的异化作用就会加强，产生一定的能耗，机体所储备的能量也就有所下降，这一时期也被称为机体的工作阶段。在运动结束之后，经过一定时间的休息和调整，体内原本被消耗的能量也将逐渐恢复到之前的水平，这一阶段称为恢复阶段。再经过合理的休息，体能逐渐超过运动前的水平，称为超能量恢复阶段。根据人体的这一规律，教师在教学过程中必须合理地安排体育课的间隔时间，只有这样，才能在机体运动的规律基础上，大大提升练习的效果，增强学生的体能，从而提高他们的体育技能水平和身体素质。例如，在进行游泳训练的时候，游一段时间之后，身体就会感觉乏累，如果这个时候不休息，往往会导致学习效果下降，而如果进行合理的休息，体能就能恢复，再进行训练就会达到较好的状态。因此，体育教学的过程需要遵循人体机能的适应性规律。

（八）体育学习集体形成与变化的规律

体育学习集体形成与变化的规律主要是指在进行体育教学的过程中，学生学习的形式主要侧重于集体合作、配合和互相帮助等。由于体育教学本身就是一种开放式的教学，不受空间的限制，言论也较为自由，因此体育教学中的很多项目和活动以集体的形式存在。由于体育运动具有这一特点，因此体育教学过程中的集体性学习体现了体育的特征和目标指向，教学的集体性也成为体育教学的根本特点。既然是集体性的教学，那么，教学的过程就必须遵守集体形成和变化的规律。因此，教师要选择和设计一些集体性项目作为教学的内容，在教学方法上也要采用小组教学形式，研究和分析集体性学习的特点和评价的方法，并掌握学习集体形成和变化的规律，即从相对陌生到相互配合，从互相帮助到共同促进。教师只有掌握了这一规律，才能更好地培养学生的集体意识和责任感，才能在教学过程中将思想道德教育与技能传授融为一体。

（九）体验运动乐趣的规律

在体育教学过程中，教师要让学生不断地体验运动的乐趣，只有这样，才能培养学生学习体育运动的兴趣，激发学生学习的积极性和主动性。因此，让学生体验到运动的乐趣是帮助学生形成运动爱好和专长的首要条件，也是增强学生体质、促进学生运动技能不断提高的前提条件，同时还是体育教师应该遵循和掌握的教学规律。体育教学本身就具有各种乐趣性。学生只有体会到体育运动的乐趣，才能将体育运动的过程变成充满活力和乐趣的过程；而如果学生体会不到运动中的乐趣，他们的学习过程就会十分痛苦，技能的掌握速度也会大大降低。体育教学中的乐趣体验的过程如下：首先，学生在自己原有的技能水平上，通过对运动的了解和领悟，充分地体验到运动的乐趣；其次，通过新技能的不断获得，体验到不断突破自己、不断获得新知识和技能的学习乐趣；最后，学生在技能习得的基础上不断进行创新，最终体验到创新的乐趣。

第二节 高校体育教学过程的优化与管理

一、体育教学过程的优化

体育教学过程的优化是指体育教学研究者和工作者通过对体育教学中相关问题和因素的不断研究、分析和综合，按照体育教学的目标，有计划地选择和实施教学优化方案，在规定的时间内和现有的条件下实行最有效的教学方法，获得最优质的教学效果。

在当今信息迅猛发展的社会，无论是教学工作还是其他行业的工作，都是既讲究效率，又讲究效益，特别是我国正处于教学改革的关键时期，对体育教学过程的优化和管理具有非常深远的意义。

（一）体育教学过程的优化理念

随着教学改革的呼声越来越高，为了提高体育教学的质量，很多体育教师投身体育教学研究中，以期通过自己的不断分析和研究，使体育教学过程得到优化，从而提高体育教学质量。

1. 用整体的观点认识体育教学过程

用整体的观点认识体育教学过程有助于教师在教学实践中科学地掌握体育教学过程的结构和相关的教学活动环节。如果将体育教学过程看作一个简单的坐标轴，那么横向坐标是由当地学校的教学学科构成的，纵向坐标是由超学段、学段、学年、学期、单元和课时等教学过程组成的。这样就能将体育教学看成一个处于动态平衡中的教学整体，只有用整体的观点才能更好地认识体育教学的过程，才能对体育教学这个大环境做具体的、综合的判断和分析。在此基础上，体育教师才能根据不断变化的教学环境和社会环境，全面地优化教学目标、教学内容、教学方法、教学手段、教学组织形式和教学评价。因此，在体育教学过程中，教师必须整体地考虑和认识教学结构的成分及其相互联系，力求发挥体育教学过程的整体效用。

2. 用联系的观点看待体育教学过程

无论是哪一门学科的教学，其知识和技能之间都存在一定的联系，用联系的观点分析体育教学过程的结构和功能可以清楚地发现体育教学过程中各相关因素之间存在的各种各样的内在和外在的联系。体育教学过程主要包括因果联系、发展联系和控制联系。

所谓因果联系，是指体育教学过程中各种行为活动和效果之间存在一定的因果关系，如在进行篮球教学的时候，开展篮球技能教育的活动和培养学生篮球技能之间就是因果关系。教师要想在教学实践过程中不断地优化教学过程，就应该在教学实践过程中及教学结束后不断地分析和研究各种现象之间的因果关系，寻求教学中某些因素之间存在的本质的和必然的联系，并借助这种联系达到教学效果最优化的目的。

体育教学过程本身就是一个不断发展和变化的过程，学生在教师的影响下所产生的、对体育教学所需的知识和技能的需求与实现这种需求可能性之间的矛盾虽然是教学内部发展所固有的矛盾，但也是推进教学过程不断深化的动力。因此，在教学的过程中，教师要根据学生身心的发展变化进行教学组织和安排。

控制联系是指教学的过程实际上是一个控制和自我控制的过程，如在教学实践中，教师对学生的学习计划、技能实践过程和教学监督的控制。如果对学生的控制太过严格，就会打击学生的学习热情和信心；如果对学生的控制较为松散，就会降低学生的学习效果。因此，在教学过程中，教师要注意把握合适的尺度，寻找最有效的教学控制点。

3. 用综合的观点处理教学中的方法和形式

体育教学内容的实施和教学目标的实现均建立在教学方法和组织形式的基础上。体育教学较为复杂，在教学过程中涉及的因素也较多，这些因素影响着体育教学方法和教学形式的选择、开展。例如，教材的难易程度、教学的设备设施、教师的教学水平、学生的已有体育相关知识等，都对体育教学方法和组织形式造成影响。为了保证体育教学效果，在进行体育教学过程研究和优化的时候，教师要用综合的观点来看待这些问题，优化教学方案，从而提高教学效果。

（二）体育教学过程的调控

体育教学是教师与学生直接参与的互动过程，学生的情感投入、兴趣爱好、注意力、参与意识等各个方面都要靠教师的调控施加影响。可以说，教师对课堂教学过程的调控直接关系到课堂气氛，关系到每个学生的参与力度。体育教师对教学过程的调控可分为生理调控和心理调控两个方面，并需要两者密切配合才能完成。

1. 体育教学过程中学生生理调控的主要依据

（1）运动负荷的有效价值阈理论

在体育课堂教学过程中，只有在适当的运动量和强度的刺激下，才能收到健身益心的效果。体育锻炼的最佳效果出现在身体处于最大吸氧量和最大心输出量之时，要提高最大吸氧量，就必须增大心输出量、每搏输出量和心跳频率，从而使每搏输出量达到最大值，只有这样，才能使肌体组织得到充足的氧和能量，排出二氧化碳和废物。在一般情况下，运动负荷的最佳价值阈是心率在 120 ~ 140 次 / 分钟。

（2）体育锻炼过程的新陈代谢理论

新陈代谢是肌体通过进行物质交换和能量交换，以完成自我更新的过程。它包括两个过程，即同化过程和异化过程。体育锻炼的目的就是要利用这一规律，使肌体的营养物质和能量得到超量恢复。

（3）人体适应环境的动态平衡理论

适应能力是人体在适应外界环境中所表现出来的机体能力。它包括对客观环境的适应能力和对疾病的抵抗能力。体育锻炼就是为了适应环境的变化，使肌体内的产热和散热过程更加旺盛，体温调节机能更加灵敏。实践证明，体育锻炼对提高人体适应环境的能力具有重要的作用。

2. 体育教学过程中教师对学生的心理调控

（1）教师对学生思想上的调控

对学生进行思想品德教育是体育课堂的任务之一。学生的思想状况关系到班级的组织纪律性，能体现出班级精神风貌，所以教师要对学生的思想进行调控。第一，应规范体育教学的课堂常规，如课中讲解示范时学生的自动站位或在体育委员的指挥下迅速集合；服饰穿戴；学生之间或学生与教师之间的关系；等等。第二，教师要认真听取学生的意见和建议，聆听学生的心声，做他们的朋友，及时解决学生心中的疑惑。第三，对学生提出的问题要认真讲解。

（2）教师对学生情绪情感上的调控

体育教学是学生抒发情感、调节不良情绪的良好场所。在体育锻炼的过程中，学生为做出优美的动作而高兴，为喜欢的队伍的失败而伤心。教师可以利用体育这一特殊的教学方式，调节学生的情感，使学生发泄不良情绪，从而向良好的个性发展。

（3）教师在授课时间上的合理调控

一般来说，体育课可分为开始部分、准备部分、基本部分和结束部分，每一部分的教学内容不一样，其间存在着大量的练习、讲解、示范、纠正错误等，教师如果在授课时间上不进行合理调控，那么就很难完成教学任务，教学质量也就无法提高。

（三）体育教学过程的优化策略

1. 优化体育教学目标，使其具有明确性

体育教学目标是体育教学的起点和归宿，是需要首先解决的问题。因为在整个体育教学过程中，教学目标在体育教学方法的选择、教学内容的组织、教学过程的实施、教学结构的建构、教学手段的运用等方面起着指导和统领的作用。体育教学目标的选择和制定要有一定的依据，它具体受教学目的、教学环境和教学水平的影响。体育教学目标的确定一定要明确、科学和具有可操作性，而且各个目标之间要具有鲜明的差异性和连贯性。体育教学目标的确定要有利于教学设计，要能够反映和监督教学过程，要有利于教学评价的开展。

2. 优化体育教学内容，使之具有可学习性

体育教学内容是体育教学过程最基本、最主要的组成部分，是教学目标的载体，也是教师与学生联系的纽带。教学内容是否受到学生的欢迎，学生是否对学习内容感兴趣，最终都会影响到体育教学目标的完成情况。因此，教师一定要精选体育教学内容，使之具有极大的学习性，能够激发学生的学习动机和学习兴趣。如果体育教学的内容脱离了教学实际，学习性不强，就会使教学活动变得“可望而不可即”，不利于教学质量的提高。因此，在对教学活动内容进行优化的时候，教师应该选择一些学生喜闻乐见的内容，合理地采用一些竞技类的项目，使之学习性更强。

3. 优化体育课堂教学结构，使之具有合理性

课堂结构是教学过程的主要表现形式。课堂结构是指在规定的时间和空间的教学活动中，进行各个教学环节、教学步骤的具体安排，也是教学目标的实施计划、教学内容的实施流程和各教学方法的主要体现。由于体育教学涉及的因素较多，较为复杂，因此体育教学的课堂结构是一个较为复杂的系统。在进行体育课堂结构的优化时，教师要着眼于整体，使课堂教学结构的各个组成部分能够相互协调、相互促进。

（1）智能结构优化

它是指优化一些具体的、清晰的、可测的课堂教学目标，主要包括运动认知的容量、思想道德教育的要点和技能训练的重点。

（2）时间结构优化

它是指课堂各个教学环节所用的时间要确保分配的合理性，保证教学目标的圆满完成，将时间有效地分配到教学的重点和难点上。

（3）认知结构的优化

它是指按照学生的认知水平合理地安排教学过程，确保教学的发展过程能够遵循由浅入深、由易到难、循序渐进的原则。

（4）信息结构的优化

它是指在充分发挥学生主体性地位的基础上，保证教学过程的相关信息能够得到迅速有效的传递。在体育课堂教学中，教师对学生活动的组织协调要及时有效，对教学的评价要准确到位。

（5）训练结构的优化

它是指根据学生的身心发展特点、教学内容特点、教学环境、教学条件等，合理地安排训练的内容、方法和步骤，从而实现教学目标。

4. 优化体育教学方法，使之具有实效性

体育教学方法是知识和技能传递的依据，是学生和教师之间知识传递的纽带，是实现体育课堂教学目标所采取的各种行为方式的总称。由此可见，体育教学方法在体育教学过程中占据着十分重要的地位。良好的教学方法能够促进教学目标的完成，错误的教学方法不仅会对学生的身心发展造成不良影响，还会影响教学目标的顺利完成。在选择教学方法时，教师首先要保证其与教学内容、教学知识和学生发展的适应性，以提高教学的效率，使学生能够在较短的时间内掌握更多的知识和技能，并接受思想道德教育，从而得到全面发展。因此，在选择体育教学方法时，教师要注重教学方法选择的科学性，结合学生的身心发展特点、自己的教学水平、教学设备和环境、教学知识的特点安排教学内容。创新是教育的根本，只有创新才能取得更大的突破，因此在选择和优化教学方法的过程中，教师要注重教学方法的创新，激发学生的学习兴趣；同时，要突出教学评价的激励作用和功能，使教学评价成为检测和完善教学过程的依据。

5. 优化体育教学评价，使之具有激励性

体育教学评价不仅能够检测体育教学方法是否科学、教学过程是否合理，还能检测教师的教学水平高低，是教学过程不断优化和完善的前提，教学评价能够使教师不断地发现教学中的问题，然后加以解决和改正。由此可见，教学评价是教学过程中的重要环节，在进行优化和制定教学评价时，教师不仅应该注重评价的全面性、民主性、科学性和发展性，还要发挥评价的激励作用和功能，使其更好地为教学活动服务。

二、体育教学过程的管理

（一）显性管理

在高校体育教学中，体育教师依据教学计划进行教学目标控制、教学过程控制、教学效果控制的管理手段和方法就是教学中的显性管理。显性管理又可分为时间上的管理和教学内容及方法上的管理。

1. 时间上的管理

以往的教学模式是教师发出口令，学生听到口令后集合，教师要等学生全部到位后才能宣布本次课程的内容及任务，但往往这一简单的过程要用掉 5 ～ 7 分钟的时间。怎样在课堂一开始就让学生迅速进入上课状态呢？这就涉及教师的管理技巧。体育课上有调队、分组练习、纠正错误、中间休息等多个过程，如果每个过程教师都要长时间地等学生集合，那么一堂课要少教不少内容，学生又有多少时间来练习呢？如果师生都养成上体育课时提前五分钟到上课场地，班级体育骨干在两分钟内集合好队伍，教师在三分钟内宣布完课程的内容、任务、目的、进度等，使学生尽快地进入上课状态，然后教师安排好示范动作、学生练习、纠正动作及整理放松的时间，那么，整节课的时间就安排得恰当了。

2. 教学内容和方法上的管理

在体育课中，由于教学内容不同，各个项目的难易程度不同，个人水平、兴趣爱好、接受能力不同，往往会出现一部分学生能较好地掌握教师所教授的内容，而另一部分学生则对知识和技能掌握不足，甚至产生放弃、厌学和无所谓的态度。学生由于机能、素质和运动能力的差异，往往在体育课堂上出现这样的情况：运动能力强的学生总有表现的机会，课上练习时一般很活跃，精神状态较好；而那些能力差的学生，什么动作也难以完成。女生大多不愿做需要剧烈运动的项目，特别是长距离跑，她们喜欢一些简单易学而且游戏性较强的内容；男生大多喜欢对抗性较强的项目，如喜欢篮球运动的学生在上课时领会篮球技术和战术的能力比较强，兴致也比较高。这就要求教师运用不同的管理方法进行教学。例如，教师可以把相同水平的学生分在一组，让他们在相互竞争中提高；也可以把成绩较差的学生分在一组，教师就多顾及较差的这一组，对这一组进行特别的辅导，帮助学生掌握正确的动作要领；或者将学生打散进行分组，以骨干积极分子带动能力较差的学生，使学生逐渐树立自信心，尽快融入集体中，并自发地完成或提高技术动作。教师采用有效的管理手段可以使学生正确对待学习内容，完成教学任务，进而提高学生的运动能力，达到增强学生体质的目的。

（二）隐性管理

体育课堂的隐性管理是指除了体育教师依照课时计划进行教学目标控制、教学过程控制和教学效果控制外，间接影响学生心理状态和行为的种种控制方法。在课堂上，如果体育教师的隐性管理运用得恰到好处，就会对学生起到潜移默化的作用。一般来说，体育教学隐性管理方式主要有以下几种。

1. 情感交流管理法

体育教学过程既是师生信息交流的过程，也是情感交流的过程。在课堂学习中，不是每位学生都能达到教师所希望的程度，这就需要教师唤起学生稳定的注意力和学习愿望。教师的情感状态是不可忽视的重要因素，教师要以亲切的态度讲解动作技术的要领；以优美的姿态示范动作；以耐心的态度聆听学生的提问；以热情关怀的态度纠正学生的错误动作；以灵活的态度对待偶发事件。这样，学生就会在学习过程中感到亲切和温暖，得到鼓励和帮助，课堂就会洋溢着欢快和谐的气氛。这种积极的气氛会像“催化剂”一样，引发学生的学习热情，实现师生之间的情感互动和沟通，使教学活动得以有效进行。

2. 语气导航管理法

听觉信号的输入是体育课堂管理信息输入的重要形式。在体育教学中，学生既有知识和技能的获得，也有精神上的愉悦和心理上的满足。教师在技术的讲解、队伍的调动、节奏的控制、情绪的调控过程中起着主导作用。教师讲课既有别于背台词，又不同于作报告，应有抑扬顿挫、高低快慢、轻重缓急。比如，在叙述技术动作要点时，语气应庄重沉稳，简洁明了；在纠正动作时，声调宜舒缓委婉；在休息放松时，语言应诙谐幽默；在下达练习指令时，声音应响亮有力，使声音富有浓厚的感情色彩。这样才能对组织教学和调控情绪起到积极的作用。

3. 动作启示管理法

教师的手势、表情、身姿及空间的距离能传送管理信息，是师生互感的意识信号。在体育教学中，教师在讲解示范时会用手势来辅助自己的语言表达，因此手势被称作教师的“第二种语言”。适时适度地应用手势可以加强教学力度，渲染课堂气氛，使学生加强注意、提高兴趣、振奋精神，有辅助讲解和提示的作用。体育教师的面部表情也有一定的潜在调控作用，如满意的微笑和赞许式的点头可以表示教师对学生的喜爱。这样可以收到移情传神的功效，从而起到组织教学的作用。

4. 视觉暗示管理法

视觉信号输入是体育课管理信息输入的主要形式。在体育教学中，师生面对面地进行教学活动，眼睛更具有特殊的表现力和感染力，甚至某些没有用语言表达出来的内心活动也可以在目光中表现，以便教师捕捉到许多反馈信息，及时调整自己的教学状态和节奏，同时要善于用目光正确地传达自己的信息。在教学过程中，当教师发现个别学生精力分散、搞小动作时，此时如果直呼其名或者在众目之下进行批评，那么学生迫于压力，可能表面上服从，但容易产生抵触情绪，造成师生情感障碍，进而影响教学效果；如果教师中断讲解或者停止示范，用目光凝视来予以制止，那么就既能引起学生的注意，又能制止学生的不良行为，还能维护学生的自尊，使教学活动得以顺利进行，从而达到维护课堂纪律的目的。

5. 环境渲染管理法

环境暗示的影响是无声的，又是有力的。环境暗示可以避免引起学生的反感情绪，易于激发学生的运动潜力，具有隐性的约束力。不同的教学环境会将教学活动导向不同的境地，产生不同的教学效果。在体育教学中，教师可以适当利用周围的环境，如光线、色泽等感官刺激物，以引起学生的心理感受。教师可以在课前把运动场地和器材打扫干净，根据不同的教学内容在整洁的场地上画出醒目、规范、美观的标志线，使学生一上课就产生舒适的美感，精神振奋；反之，则使学生产生不愉快的心理，影响课堂质量。另外，一些持器械或重复练习的技术，如队列、长跑、投掷铅球等项目，可适当地做一些变化或改变练习环境，以引起学生不同的审美感受，使学生产生积极的情感，提高学习的积极性。例如，在跳高时，教师可利用跳高架的形状和距离的不同产生高低对比，引起学生“跃跃欲试”的反应；在跳箱上画上鲜明的横线条，多铺几层垫子，以减少学生的心理压力。教师在上课时应注重激发学生的学习兴趣，充分利用教学器材、环境等条件，使学生一上课就融入良好的课堂氛围中，这样有助于课堂管理的高效能。

总之，体育教学过程实际上也是教师对学生的管理过程。在课堂上，教师主要是通过有声语言、体态语言来传递思想和知识信息。体育教师除了依据教学计划进行教学目标控制、教学过程控制、教学效果控制外，还可以通过情感、动作、语言、视觉、环境等无声无形的调控，在潜移默化中纠正偏离课堂的行为，参与课堂教学的管理。体育课是在室外进行的，受诸多因素影响，教学具有特殊性，并给体育教师带来了一定的管理困难，这就要求体育教师掌握一定的管理知识和方法，使体育课能够按照教学计划顺利进行。

第三节 高校体育教学评价的原则与方法

一、高校体育教学评价的原则

建立体育教学评价指标体系既是评价工作的基础，也是评价工作的核心，体育教学指标是指被评价的因素。体育教学评价指标体系建立的原则具体如下。

（一）方向性原则

通过对哲学、教育学、心理学、评价学等关于教学评价体系的基础学科的综合分析可知，体育教学评价是根据体育教育的教育性质、教育目标进行的一项有目的的社会活动，这就要求体育教学评价应具有方向性。在设计体育教育评价时，首先是要在马克思列宁主义前提下进行指标设计活动，其核心是要坚持有中国特色的社会主义办学方向，体现中国体育教育事业发展、改革和提高的方向。

（二）全面系统性原则

全面系统性原则是指在进行体育教学评价时，第一，既要对教师教的方面进行评价，又要对学生学的方面进行评价，确保师生双边教学评价的全面性。第二，要对师生进行各方面、多角度、全方位的评价。而要使评价做到全面科学，必须把定性评价和定量评价结合起来，相互参照，同时要把握评价指标的主次，区分评价指标的轻重，抓住主要评价指标的矛盾等。比如，在对体育教师教的评价中，要做好对教师的课外工作、课堂教学工作、课后教研工作等与教学活动相关的评价；在对学生的评价中，要做好对学生学习态度、学习动机、学习表现、运动行为、运动情绪、意志力等的评价，同时将其参与运动的积极性、运动技能的发展等作为评价的重要指标。

（三）可测性原则

体育教学评价的可测性原则是指在设置体育教学评价指标时，所有的指标必须具备可测量的特性，即所设计的指标必须可以通过观测或用测量工具的测量来获得明确的测量结果。也可以说，要使抽象的目标具体比，使它具有直接的可测性。例如，在体育教学评价中，测量学生的百米成绩时可以利用秒表，篮球的投篮命中率可以通过计数和数学计算来测量。

（四）可接受性原则

体育教学评价的可接受性原则是指在设计体育教学评价指标时要依据客观实际，而不应该依据主观想法，每项指标的设计都应有依据。具体而言，体育教学评价的可接受性原则包括以下五个方面：第一，体育教学评价指标体系设置必须有充分可靠的信息和资料来源；第二，体育教学评价指标体系设置必须从实际出发，依据学生的身心发展规律，这样才具备被评价对象的可接受性；第三，体育教学评价指标体系设置必须考虑评价的人力、财力、物力、时间及空间所允许的条件；第四，体育教学评价指标体系设置必须有鉴别力，即设置的指标要能够反映被评价对象结果的好坏；第五，体育教学评价指标体系设置必须追求“精”，追求“简”。

（五）指导督促性原则

指导督促性原则是指在进行体育教学评价时，要把评价工作和指导督促教学实际工作结合起来。教学评价不是目的，而是一个过程，最终的目的是指导具体的教学实践工作。教师要有效地利用体育教学评价的结果，并对其进行认真思考与理论分析，采用各种不同的方法横向比较同行教师的体育课教授水平、同年级与班级学生的学习水平与能力等，纵向比较师生体育教学的成绩与结果，从不同的角度找出原因，并通过及时的、具体的、启发性的信息反馈，使被评价者明确今后的努力方向。

二、高校体育教学评价的方法

体育教学评价指标体系的设计要有很强的政策性和技术性，最重要的是要把国家的教育政策方针作为体育教学评价体系的设计依据，具体方法是要把体育教学目标逐级分解，形成多维度、多层次的具体评价指标。

（一）分解目标，形成目标层次系统

体育教学评价指标的设计要依据体育教学的总目标，确定体育教学评价的具体分目标，并对评价对象的情况进行具体分析。在充分了解评价对象的基础上，对评价目标进行恰如其分的分解，分解出的维度和指标应能够充分反映评价对象的本质特征与内在联系，形成一个完整的体育教学评价指标系统。

（二）通过归类合并，进行指标筛选

通过对体育教学评价目标的分解，在初拟的维度和评价指标中，有的能够如实反映被评价对象的本质特征，通过对这些指标的评价，能实现体育教学评价的评价目标；有的不能反映被评价对象的实际情况，对这些指标，应当进行修改和筛选。因此，对初拟指标进行归类、合并和筛选，可以使评价的具体指标精简，指标质量就可以提高。这样不仅便于评价实施，还能保证体育教学评价体系实施的效度，使设计指标体系能起到控制作用。指标筛选常采用以下三种方法：一是经验法。这种方法是依据指标设计者的实际工作经验和评价对象的实际情况，对初步拟定的指标体系进行综合分析、归类合并、去难存易、取主舍次。经验法是凭设计者自身的经验而设计的，操作起来简单易行，因此在实际中常常被采用。二是理论推演法。理论推演法是依据哲学、教育学、心理学、管理学、社会学、评价学等学科的理论及相关研究成果，来判断评价指标是否符合科学性，以及对评价指标进行筛选、认定。例如，在对学生的智力发展水平进行评价时，教师要从学生的注意力、想象力、观察力、记忆力、思维能力等方面去衡量，在指标体系中要包含上述要素。三是专家评判法。这种方法是指标设计者设计好初拟指标后，征询该领域的专家意见，以期得到专家对指标设计的看法。其方法通常采用个别访问、问卷征询、座谈讨论等方式。

（三）明确各指标的内涵和外延

在完成上述两个步骤后，设计者应确定教学评价指标，并对评价的相关要素表述清楚。对评价要素的范围界定要明确，这样有利于教学评价的实际操作。另外，设计者还必须进一步确定各体育教学模式指标的内涵和外延，通过简明的文字、公式标准表达出来，这也是设计指标体系的重要工作。评价指标的内涵是指该指标评价的是哪些具体的内容，即评价的维度，也可以理解成被评价对象的本质问题；评价指标项的外延是指该指标所界定的范围。在设计指标时，明确各指标项的外延可以使体育教学评价工作的定义区域得到明确界定，避免评价范围过宽或过窄。

（四）用初拟评价体系预评试验

在体育教学评价的评价指标体系初步确定以后，就可以实行体育教学评价预评工作。在预评时，可以与评价标准体系和权重体系相匹配，选择小范围的评价对象作为试点进行预评，看评价体系操作起来是否可行，指标的效度如何。通过试评后的信息反馈，找出所设计的指标体系存在的实际问题，再对指标体系进行修改，从而使指标体系结构更为合理、完善。

第四节　高校体育教学评价体系的构建与改革

一、高校体育教学评价体系的构建理念

（一）评价是与教学过程并行的同等重要的过程

评价不是完成某项任务，而是一个持续的过程。评价被用来辅助教育，它是教与学主要的、本质的、综合的一个组成部分，贯穿于教学活动的每个环节。

（二）评价提供的是强有力的信息，促进发展

评价的基本目标是推动教育发展，检查学生的表现。评价是为学习服务的，是学生学习的动力和源泉。

（三）评价应体现以人为本的思想，构建个体的发展

评价要关注个体的处境和需要，尊重和体现个体的差异，激发个体的主体性，以帮助每个个体最大限度地实现自身价值。

二、高校体育教学评价体系的构建

（一）学生体育学习评价体系的建立

1. 明确评价标准和内容

评价工作的第一步是明确学生体育学习的评价内容和评价标准。为了便于实际使用，学校对学生体育学习的要求应该用清楚、简练、可测量的目标术语表述出来。要改变体育课程过于注重知识传授的倾向，让学生形成积极主动的学习态度，使获得基础知识和基本技能的过程成为学会学习和形成正确价值观的过程。因此，对学生体育学习的评价不仅要关注学生的身心健康、体能状况、体育能力、运动成绩，还要注重发现和发展学生多方面的体育潜能，了解学生体育发展中的需求。

（1）体育学习评价标准

第一，体育学习评价由单一评价标准向多元化评价标准转变。社会的发展不仅要求学生具有强健的体魄和一定水平的运动技能，还要求学生具有健康的心理和良好的社会适应力，而这一要求是传统的一元化体育学习评价标准所无法满足的。因此，体育学习评价标准必然要走向多元化。体育学习评价标准的多元化不但能在很大程度上提高评价结果的信度和效度，而且能最大限度地发挥评价的激励功能。

第二，体育学习评价允许体育教师根据教学实际需要制定相应的评价标准。不同性别、年龄及不同地区、学校的学生的体能和运动技能存在着诸多差异，即便是同一地区、同一学校、同一年龄和性别的学生，在不同时期的体能和运动技能水平上也会有所不同。如果简单地用统一的、一成不变的评价标准来要求所有的学生，显然是不科学的，也是不合理的。因此，体育教师在教学活动中不能局限于使用统一的、一成不变的评价标准，要在尊重学生个体差异的基础上，选择合适的评价标准，从多种角度去评价学生，以便及时发现学生的优点和长处，让每位学生都能在自尊、自信中快乐地学习体育。

由体育教师根据体育教学的实际情况选择评价内容，制定相应的评价标准，不仅可以使体育教师对学生的评价更客观、更全面、更准确，有利于提高体育教学质量，还有利于激发体育教师参与体育教学改革的主动性和积极性，使体育教学改革更灵活、更全面地得到落实。

（2）体育学习评价内容

第一，体育基础理论知识评定。体育基础理论知识是指导学生科学地进行体育锻炼、学习体育文化和提高体育文化素养不可缺少的教学内容。

第二，体能和运动技能评定。发展体能既是体育课程重要的学习内容之一，也是体育课程的重要目标。依据我国高等学校体育要贯彻“健康第一”的指导思想，并考虑到目前我国大学生的健康状况，将体能作为学生体育学习成绩的评定内容十分必要。运动技能是指按一定的技术要求完成动作时的能力，项目设置应给学生留有选择余地，目的是鼓励学生个性发展，培养其积极参加体育锻炼的习惯，使他们掌握体育运动技能。成绩评定依据事先制定的体能和运动技能考核内容与评分标准进行考试评分。

第三，体能和运动技能进步情况。体能和运动技能进步情况是指学生原有身体素质、运动技能与现场测得的身体素质、运动技能相比较，变化程度状况如何。原有身体素质和运动技能为上学期或初学期所测得的成绩，称为原始成绩；现场测得的身体素质和运动技能成绩则为经过一学期或一学年的学习与锻炼所达到并测得的当前成绩，原始成绩与现测成绩项目应一致。很显然，体能和技能进步情况是一项动态指标，它既能充分体现不同身体素质和运动技能的学生起点不同，承认学生个体差异，又能消除身体条件好的学生因受本年级最高成绩值的限制，不用学习锻炼就可取得优异成绩，而身体条件差的学生无论多么努力都无法达到及格成绩的弊端。

第四，学习态度评定。从终身体育的角度来看，高校体育课程的重要目标就是树立学生对体育和健康的正确认识，使学生树立正确的体育与健康态度。所以，学生对待体育课程学习与练习的态度应是体育学习评价的重要内容。

第五，情意表现与合作精神评定。情意表现与合作精神是指学生参加体育课程学习与锻炼过程中所产生的态度和合作状况。提高学生的心理健康和社会适应水平是高校体育课程的重要目标之一。

2. 设计评价工具和方法

（1）体育基础理论知识评价方法

对学生体育基础理论知识的评价可采取口试、笔试、知识竞赛等形式进行，然后将考核成绩换算成学生体育基础理论知识得分。

（2）体能和运动技能评价表

第一，体能评价。为了简化考试程序和工作量，学生体能测试和评分可结合学校每年实施的“学生体质健康标准”来进行，并参考学生体质健康标准三项身体素质得分，将其换算成学生体能得分。

第二，运动技能评价表。依据考核运动技能项目的性质和特点来选择考核内容，采取定量或定性的方法制定相应的成绩评价表。

（3）体能和运动技能进步情况评价方法与评价表

体能和运动技能进步情况评价方法要根据学生体能和运动技能的原始成绩与现测成绩，以现测成绩减去原始成绩之差为进步分；然后以进步分对照编制的体能和运动技能进步幅度评价表，进行体能和运动技能进步情况的成绩评定。

（4）学习态度评价方法和评价表

教师可采用等级制对学生进行学习态度评定。为了更好地激发学生体育学习的积极性，从而改进自己的学习，教师应尽可能地收集学生在体育学习过程中的发展变化、进步资料。同时，这种评价方式也消除了传统考核评价时教师“一锤定音”的弊端，减轻了学生的心理压力。编制学生学习态度评价表，在评价时，教师把评价表发给学生，由学生完成自评和组评部分，最后由教师完成师评和学年总评部分。

（5）情意表现与合作精神评价方法和评价表

采取“自评—组评—师评”相结合的形式，其中学生自评占 20%，小组评议占 30%，教师评定占 50%，对学生进行评语式评定。采用这种评价方式的目的是让学生成为评价的主人，使评价过程成为学生自我教育的过程，从而促进学生自我能力的提高，也为每个学生自我学习和创造提供更多的锻炼机会。编制学生学习态度评价表，在评价时，教师把评价表发给学生，由学生完成自评和组评部分，最后由教师完成师评和学年总评部分。

3. 搜集和分析反映体育学习情况的数据和证据

（1）搜集反映学生体育学习情况的数据和证据

采用不同的评价和测量方法可以搜集不同类型的数据和证据。常用的方法有以下几种：标准化考试，标准参照测验，以成绩为基础的评价，学生工作样例，对学生表现的观察、调查和访谈等。

（2）分析反映学生体育学习情况的数据和证据

教师需要对搜集到的数据和证据进行分析，形成一个对学生体育学习情况的分析结果，客观地描述学生当前的学习情况。教师在分析时要注意以下问题：第一，应对小组内搜集到的数据进行分析；第二，应对来自各种测评手段获得的数据进行综合性的分析，以全面描述学生的发展状况；第三，如果有纵向的数据，则应进行纵向分析；第四，如果可以获得其他组的对比数据，则应通过横向比较来分析学生的发展情况。

（二）体育教师课堂教学评价体系的建立

1. 明确评价标准和内容

（1）体育教师教学评价标准

第一，“中评不中用”的课不是好课。在传统教学评价中，对一堂体育课的评价首先是看教学目标是否明确、内容安排是否合理、教学组织是否严密、教师声音是否洪亮有力、哨音吹得是否富有节奏感、讲解是否清楚、动作示范是否标准，但这样的课实际上是为迎合评委的口味而精心设计的。这种现象在优质课的评比中比较常见，并带来了不小的负面效应。因为这样的课堂的教学目的是获优、评奖，并不是围绕学生的学习来开展的。

第二，“教师唱主角”的课不是好课。在平时的体育课上，特别是在体育公开课上，教师为充分显示自己的教学能力和教学技巧，往往充当“主角”，学生只是“配角”。然而，教学的目的是促进学生的发展，不是满足教师的表现欲。因此，根据现代教育教学的理念，即使体育教师在一堂课中讲得再精彩，而没有学生的积极参与，这堂课也不能被称为好课。

第三，“只达到体能和运动技能目标”的课不是好课。在传统的体育课教学中，教师十分关注学生的体能和运动技能目标是否达成，且这一目标似乎成了体育课的唯一目标。体育课程的教学追求的是对学生的全面教育，而不仅仅是传授运动知识和技能。

第四，学生主动参与的课是好课。学生是体育教学的主体，教师应努力激发学生对体育学习的兴趣，促使学生积极参与体育活动，让学生充分体验体育学习和体育活动的乐趣，并在愉快的学习中获得进步和发展。总之，只有学生主动参与的课才能称得上好课。

第五，促进学生全面发展的课是好课。体育课虽然离不开运动技能的教学，但它不等于技能教学，体育教学的目的是促进学生通过学习和活动得到全面的发展，其真正意义不仅仅局限于教给学生某些运动知识和技能，更重要的是培养学生的集体主义情感，激发学生奋发向上的精神，使其形成乐观开朗的生活态度。好的课堂教学甚至能使学生受益终生，这才是一堂好课的真正价值所在。

（2）体育教师教学评价内容

第一，学生喜欢体育课和参与体育活动的程度。在以往的体育教学中，教师大多关注的是自己的教学能力，至于如何激发学生的体育学习兴趣和积极性，促进学生坚持参与体育活动等，则很少考虑。体育教学的最终目的是促进学生自觉地、主动地参与体育活动，并养成锻炼身体的习惯。只有这样，体育教学的目标才能实现，学生的健康发展才能得到保证。

第二，体育教师教学道德的评价。体育教师的教学道德主要包括教师的价值观、人生观、社会意识、教育观念、师德素养及对学生的态度等。一个人的行为准则、职业道德受其世界观、价值观的取向影响，并最终成为指导其行动的指南。在对体育教师进行评价时，应把教学道德评价放在首位，以引导体育教师认识到自己不仅是“传道、授业、解惑”者，还应是具有道德准则的人。

第三，体育教师教学理解能力的评价。体育教师的理解能力主要是指专业基础知识及对体育课程目标、内容的认识与理解。因此，对体育教师的评价应看他在课程设计、教学方案和计划的制订、教学内容的选取、教学评价等方面是否充分体现了“健康第一”的指导思想，是否在教学过程中贯彻、落实了这一指导思想，是否有利于促进学生身心的健康发展。

第四，体育教师教学实践能力的评价。体育教师教学实践能力主要包括体育教师对现代教育理论、教育方法的掌握及实际运用的情况；掌握从事体育教学所需的基本技能的情况，如教学设计、讲解、示范、观察、组织教学和评价等能力；创造性教学的能力，如运用现代化的教育技术的能力、开发和运用体育课程资源的能力；等等。这主要体现在“教学生学会体育”发展需求，“教学生学会体育”才是体育教学的终极目标。所以，体育教师能力评价应突出“教会学生终身体育学习”的能力。

2. 搜集和分析反映体育教师教学的数据和证据

在对体育教师的优势和不足的客观情况基本了解的基础上，利用体育课堂教学质量评价表搜集与体育教师教学有关的数据和证据非常重要。搜集和分析体育教学数据的目的是找出体育教师的优势和不足，确定体育教师如何能最有效地利用其优势，并在下一步的改进计划中改善其不足，用清楚、简练、可测定的目标术语来描述体育教师需要改进的要点，确定改进的指标，提出体育教师达到改进目标的具体方法。

三、高校体育教学评价体系的改革措施

（一）更新教育理念，形成科学的评价机制

1. 明确学校体育的培养目标

围绕教育教学目标来设计体育教学评价的指标体系和评价方案，以数量和评判目标的达成程度为出发点，并力求评价指标科学化，评价方法具有可操作性，符合学生的实际情况和社会需求。

2. 树立学生的主体性发展目标

明确学生认识主体、发展主体的地位，强调和体现其自主性、主动性和创造性等基本特征。本着为评价对象服务的思想，在评价时，要从评价对象的利益出发，调动评价对象参与教学的积极性，进一步改善教学过程，提高教学质量，为促进学生的身心和谐发展服务。

3. 加深对现代教育理论的理解，发挥评价的教育功能

改变课程评价过分强调甄别与选拔的功能，发挥评价促进学生发展、教师提高和改进教学实践的功能。评价要体现出评价主体的互动化、评价方式的动态化、评价内容的多元化等新特点。所以，评价要多角度、全方位地综合考虑，强化其教育、检验、反馈、激励等功能。

（二）丰富和完善体育教学评价内容

现代体育教学评价越来越注重多元评价，注重考查学生的综合素质，不但关注学生的运动技能，而且关注学生参与解决实际问题的能力、身心健康、社会适应与体育创新能力，以及情感体验和心理素质的培养。现代教育的发展还要求教师尊重学生的个体能力差异，使评价富有人性关怀；尊重学生的经验差异，力求评价富有成功体验；在考评中不仅要关注学习成绩，还要重视学生在体育学习中的进步幅度与努力求知程度。

（三）力求评价方式多样，注重发展性评价

1. 过程性评价和终结性评价相结合

传统的体育教学评价比较注重终结性评价，即每学年或学期结束后，对学生进行一次综合评价。终结性评价虽可作为对上一阶段工作的总结和下一阶段工作安排的依据，但由于其阶段性、一次性的特点，对提高学生学习效果和帮助教师改进教学的意义不大。因此，教师应改变单纯采用终结性评价的方式，选择过程性评价和终结性评价相结合的方式。过程性评价是在教学过程中对学生的学习情况进行的评价，它能帮助教师及时了解教和学的情况，不断改进教学，同时使学生及时获悉自己在体育知识、技术、技能和其他方面所获得的进步，调动其学习的主观能动性，增强教学双方的信息交流和反馈。过程性评价将学生的进步幅度纳入评价体系，可以使整个评价更加客观，更加符合体育教学的特点和实际。

2. 定性评价与定量评价相结合

在体育教学评价中，定量的评价方法占据了主要地位，这有助于教师准确评价学生所完成的运动负荷、掌握动作的数量、完成动作的质量及素质达标的等级等。但是，体育教学有其特殊性，存在着大量的人文因素，其中学习态度、习惯形成、意志品质、自尊自信、合作意识等很难用量化指标来评价，如果忽视这些“质性”评价，指标评价就是不全面的。因此，必须把定量评价与定性评价结合起来，采用观察、面谈、调查、对比等方法，多方面、多渠道地收集信息，综合评价学生的情感态度、价值观、知识技能，达到明确评价对象本质特征的目的。

3. 教师评价与学生评价相结合

一方面，教师长期工作在教学第一线，对教学活动的情况最为了解，对学生的进步情况也较为清楚，所以体育教学评价离不开任课教师的评价，教师的评价具有全面性、客观性和权威性。教师客观准确、适度的评价可唤起学生对体育学习的积极性，激发其学习兴趣，可使学生清楚地看到自己的不足。然而，教师自身素质能力不同，也易受到内外环境的干扰，降低评价的客观性。另一方面，学生是教学目标的实践者，只有亲身体验，才能进行正确的评价，特别是那些无法定量描述的内容，如情感、意志、态度、兴趣等。学生评价包括学生自我评价和学生相互评价，学生自我评价是培养学生自我认识和自我教育的重要途径。学生通过自我评价开发自身的潜能，提高自身素质，能增强其评价能力，有助于其克服面对评价结果时的心理障碍。学生相互评价不仅能培养学生的交际能力，还能使其在互评过程中加强对技术动作的关注度和对体育知识的理解程度。

为使教师评价与学生评价有效地结合，教师要加强业务学习，深入了解学生，分析不同学生的心理特点和个性特征，提高评价的应变能力。为使学生更好地实现自我评价，教师应要求学生端正评价态度，结合教师的教学目标制定自己的学习目标，以此作为自我评价目标。只有这样，才能增强评价的客观性和有效性。

4. 科学安排，形成灵活多样的评价体系

学生由于发展水平的差异，对体育教学的需要也不尽相同，要真正发挥评价的激励功能，就要实施多样化评价。评价的最终目的是提高教学质量，更好地促进学生身心全面发展。因此，针对不同的教学对象，教师要有不同的教学目标，不同的评价目的要有不同的评价方法，要具体情况具体对待，实施个性化评价，运用评价结果来激励学生，充分调动不同层次学生的积极性，以适应学校体育学习终身化的要求。

第六章 多维度视域下的高校体育教学策略与优化

第一节 拓展训练视域下高校体育教学工作及其路径

一、高校体育开展拓展训练课程教学的理论基础

实践过程是拓展训练的重要环节，它直接影响到拓展训练的效果，同时，理论知识在整个拓展训练过程中也具有重要的引导作用。在课程设计、项目实施中，都会运用到相关学科的知识，如体育学、心理学、管理学等方面的理论。同时，这些知识对于拓展训练本身的理论构建与研究也同样重要。

（一）体育学理论基础

体育课教学有其规律和特点，要根据这些规律和特点制定相应的教学任务、目标、组织形式和实施方案。高校体育引入拓展训练课程，必须把两者的特点和规律进行整合分析，特别是在教学目标、运用原理、方法手段等方面进行比较分析，制订适合高校体育开展的拓展训练课程教学计划。在具体实施上，拓展训练的开展同体育课教学一样，受教学任务、内容、学生特点等因素制约，其发展变化反映社会变革发展对人才要求的不断完善。拓展训练是一种以身体活动为载体的全新教育模式，其目的是在促进学生身心全面发展的基础上，培养学生顽强的意志品质和稳定的心理素质，以提高环境适应能力，这与体育教学的目的不谋而合，也可以说拓展训练其实就是体育功能的社会体现和纵向延伸。拓展训练和体育教学采用的都是体验式教学，拓展训练借助场地设施，设计有针对性的模拟场景，通过拓展项目的实施让学生发现自我、认识自我、提升自我；同时，通过项目体验带来的不同刺激促进学生形成稳定健康的心理素质，并得到一种高峰体验，这种原理和途径与体育教学的模仿和竞赛很相似。由此可见，拓展训练与体育教学在特点、

教学目的以及所运用的原理和途径上存在众多相同之处，体育学理论知识为拓展训练课程教学提供了良好的借鉴和引导。

总之，体育学理论在高校体育开展拓展训练课程教学的理论构建中具有极其重要的地位和作用。体育学是从整体上认识体育全过程的一般规律，抽象地反映出体育的主要特征，准确解释其本质的一门学科。体育学的知识体系在拓展训练课程教学中的大胆运用，使拓展训练本身显得更加充实，这也为拓展训练提供了持续发展的动力。同时，体育学也以拓展训练为学习载体，将其理论变得更加丰富、直观、有趣，使学习者有更多的机会在暗含其理论的活动中体验和感悟，在活动后巩固那些终生难忘的知识。

（二）心理学理论基础

1. 拓展训练的心理学内涵

拓展训练的个人项目和团体项目通过情景设计和体验式教学，使学生在思想上发现自我、认识自我、提升自我，培养学生积极的心理素质、良好的社会适应能力，从而使学生面临困难和挑战时用积极的人生态度挖掘自身的潜力去寻求解决问题的方法，进而获得成功。拓展训练所依据的心理学原理还有迁移理论和认知理论。分享回顾是拓展训练的环节，学生能挖掘到拓展项目与自身学习生活间的相通之处，并通过分享回顾相互交流和吸收彼此的成功体验，这就大大拓宽了经验有效迁移的范围。拓展训练是一种体验式学习模式，其学习流程是体验、感受、分享、总结、应用，它改变了传统教学中以教师为主、学生为辅的教学模式，教学内容都由学生亲自去体验，充分尊重学生的主体地位和积极性，教师在实施过程中做必要的讲解和引导，让学生在体验学习的过程中形成认知结构，通过顿悟和理解获得心理体验，这符合心理学的认知理论。

2. 拓展训练的心理学意义

在实现拓展训练目标的过程中，通过知识、技能的学习，促进了学生心理的健康发展，并且通过拓展教师的引导示范、场地设施的布置等非语言行为，可以潜移默化地培养学生良好的兴趣、稳定的情绪和坚强的意志品质，促进学生非智力因素的发展。由于拓展训练的特殊性，与学生直接接触，且距离近、交流时间长，加上拓展教师的关心、鼓励、信任、赞扬，将大大增强学生的沟通、交际能力，加快学生的社会化进程。

可以说，心理学是进行拓展训练对个体发展影响研究的基础。拓展训练的项目本身是学生学习知识和完善自我的一个载体，因此，不仅要注重学生参与拓展训练时的心理感受，同时还要关注其真实的心理反应。高校体育拓展训练是符合现代人和现代组织的一种全新的体验式学习，其所依据的理论是：归因理论、迁移理论和学习认知理论。它成功地吸取了其中可以运用的部分，并在实践中进行了发展，而不是一味地沿袭守旧。

（三）教育学理论基础

1. 教育学是拓展训练教育价值观的依据

在某些具体的问题上，拓展训练作为一种突破传统教育思想和模式要求的全新学习与教育方式，受到人们的广泛关注与肯定，但它本身仍然符合一些传统教育的规律。教育学的观点认为个体的主观能动性是其身心发展的动力，从个体发展的各种可能变为现实这一意义上来讲，个体的活动是个体发展的决定性因素。拓展训练设计的场景与环境，是将生活中的许多可能遇到又可能发生的问题在时间与空间上进行合理的控制，给学生一个新奇、有趣，觉得有能力完成，但又需付出努力的体验过程，而且这种努力需要合理的个体与团队行动方式才可完成，这就引起了学生心理上的需求，促成了学生心理的矛盾运动，成为学生心理发展的动力，推动学生的心理发展。这种状态能最大限度地调动学生的主观能动性，使学生朝着积极的方向努力，求得解决问题的办法，从而达到发展的目的。

2. 拓展训练能够在学习中实现多方面的互动性

拓展训练的许多项目是在拓展教师与学生的共同交流与互动中进行的，由于情景的设置，这种互动包括学生与当时情景的互动，学生内心矛盾产生、斗争、决断的心理互动，学生与器械的互动，学生与学生的互动，学生与拓展教师的互动。同时，拓展训练能够通过学生在项目中的表现，通过相互观察和自我观察，反思自己存在的问题。这种“行动—观察—反思”的学习模式，能够使学生得到一个“螺旋式”的提高，更有助于学习动力的保持，也有助于自我的检查与提高。在拓展训练的这种“互动式”学习中，“互动”不仅有外显的互动，如师生、学生之间的互动，更多的是内隐的互动，如学生自我的心理互动、与情景的互动。

教育学以教育事实为根据，以规律为对象，以规范、控制和改变对象为任务。教育学的功能表现为教育理论对人的思想品德教育方面的作用，特别是要充分地考虑教育现象的特殊性。高校体育在开展拓展训练的过程中，其内容含有丰富的教育因素，在向学生提供系统的科学理论时，以一定的思想观点给其以影响。教育学的教育性是独特的，而这正符合当代学生的特点，这种独特性以教育理论为中介，帮助学生确立正确的教育观念和道德观念，这一过程是学习和掌握教育理论的过程，也是学生学会辩证、科学地思考的过程，是辩证思维积极活动和得到锻炼的过程。通过学习，学生掌握了教育的概念体系，也就促进了教育理论思维的发展，从而能用“教育的眼光”看待高校体育开展拓展训练课程教学的理论和实践。

（四）管理学理论基础

1. 管理学是拓展训练内涵的重要体现

管理是人类各种活动中最重要的活动之一。自从人们开始组成群体到实现个人无法达到的目标以来，管理组织工作就成为协调个体努力必不可少的因素。在拓展训练课程里，有管理的层级问题、管理者的角色问题；比如，“孤岛求生”就将“盲人岛”的角色和任务定义为基层管理者，将“哑人岛”的角色和任务定义为中层管理者，将“珍珠岛”的角色和任务定义为高级管理者。同样，不同层次的学生在完成项目时会有不同的工作重点，各自也将担负不同职责，高级管理者负责全局的发展与制定长期决策，中层管理者负责执行与实施决策，同时需要起到桥梁和纽带的作用，做好上传下达、上接下连的工作，基层管理者需要积极主动、努力而有效地完成具体的工作。由此可见，拓展训练的实施与开展，一刻也离不开严格的组织管理，是管理学原理的最好体现。

2. 管理理论贯穿于拓展训练的全过程

关于管理环境，关于计划的制订，关于组织、领导、控制等理论在拓展训练中时时被提起，环环都运用。在管理学中，“沟通”是其中的一个重要章节，在拓展训练中，“沟通”是许多项目中都需要的，此外还有针对“沟通”设计的项目，从而使学生了解“沟通”对完成任务的重要性。

总之，在拓展训练课程教学中，管理理论知识能帮助学生抓住问题实质，认识事物发展方向，使学生逐步形成比较科学的管理风格。管理学以一般组织的管理为研究对象，探讨和研究管理的基本概念、原理、理论和方法。在管理和领导理论引导下，学生可以根据自己的兴趣、气质、性格、职业期望和倾向等，采取科学、系统、有效的方法和步骤完成拓展训练目标。从本质上讲，管理学的理论和原理在拓展训练课程教学中的运用，不仅使学生理解了许多重要的管理学概念、方法和理论，领会到了管理学的思想和核心，也提高了学生的综合素质，提高了学生的系统分析能力、决策能力和组织协调能力，增强了学生的创新精神、合作精神等，对于当代学生走向社会有较大的帮助，这正是拓展训练课程在高校体育开展的目的之所在。

（五）生物学理论基础

1. 人体机能适应性规律

从生物学角度看，“适应”一词系指使有机体在他们特定生活环境条件下获得生存下去的解剖、生理和行为的特质。适应性原来的基本含义则是：生物必须生存在与之相适应的一定的环境中，当环境发生变化而影响生物的生存时，生物将在形态机能上和行为方式上做出调整，以顺应变化了的环境。现代社会的变化尤为剧烈和复杂，组织和个体的适应能力及应变能力将决定其生存和发展。

2. 人体生理活动变化规律

人的生理活动是人的其他活动的前提，人的生理活动的正常进行，是人的生命存在和社会存在的标志。只要有人的正常的生理活动的存在，人的精神活动、人对世界包括对自身的一系列活动才有可能正常地进行和发展。拓展训练是使人在个体生长发育的可塑性范围内与发展的可能性中，通过积极的、有意识的情境设计，实现个体协调、合理的发展。同时，人体生理活动变化规律作为拓展训练的生物学原则，不仅限定了拓展训练的基本活动方式必然是身体活动；也规定了“身体力行”地进行自我体育实践是体育运动的内在要求；并且决定了为有效地对个体不同部分、不同属性、不同层次产生积极的运动效应，应形成和构建丰富多彩的拓展训练形式和运动方法。

二、拓展训练对高校体育教学的影响

拓展训练进入体育课堂是对高校传统体育教学的改革和创新，是拓展训练融入大学的最佳切入点，它不仅丰富了体育课的内容，还增强了体育课的实用性、趣味性。体育教师在体育教学中若能成功地运用生动有趣的拓展训练，将会使学生兴趣高涨，积极性倍增，教学效果得到提升，有效提高教学质量。

（一）丰富大学生的体育知识

拓展训练作为一种综合性的运动项目，起源于军事技能训练，经过对其改造与模仿，其成为主要以体验式的教育和学习为主而衍生的体育产品，重在塑造参与者的理论知识和心理素质。在拓展训练运动中，体育知识包括以下三个方面。

1. 对拓展训练项目的理解

拓展训练项目包括个人项目和团体项目，对规则的理解是参与者的首要任务，达到共识才能够顺利完成该项目，体会到运动的快乐。如定向运动项目，需要参与者学会看地图，按照地图的标记寻找到目标，并且在最短的时间内取得胜利。

2. 提高学生的团队组织能力

团队项目中避免不了需要一位组织者，有效的组织和安排能够增加团队的凝聚力。

3. 激发学生对体育发展的关注

体育知识包括许多方面，如体育赛事、体育娱乐等。

（二）提高大学生的技能水平

体育技能是人们从事运动所表现出来的专业技术水平，随着学校体育项目的不断发展，引入的教学内容也逐渐丰富，学生的体育技能也逐步增强。拓展训练所包含的项目众多，运动形式多样，主要以趣味性和创新性为主要特点，激发学生的运动兴趣，发展学生的体育技能。如登山、逃生墙等项目都可以相应地提高学生的专业技术水平。提高大学生技能水平的具体做法有以下两点。

1. 设置情景引导

在运动开始之前，设置相应的背景或剧情，让学生投入其中，使原本枯燥无味的体育运动变得更加生动，进而发展学生的身体素质。

2. 提高技术水准

无论是团体性项目还是个人项目，完成之前都需要一定的技能基础。如逃生墙，需要学生拥有足够的臂力和攀爬能力才能够完成。所以拓展训练的开展，可以提高学生的体育技能水平。

（三）规范学生的体育行为

体育行为是较为宽泛的概念，学生参与体育相关活动的行为都可以称为体育行为。随着我国居民生活水平的不断改善，体育行为也逐渐多元化，不再局限于体育运动。从购买参与体育运动的服装和器材，到关注当前体育赛事的发展状况，再到学生每周参与体育运动的次数等，都无疑发生了巨大的改变。拓展运动也成为当前学生参与的热门项目，其趣味性和创新性使学生的体育行为更加丰富，尤其是新媒体的介入，扩大了学生体育行为的范围。在参与拓展运动的同时，一方面学生之间的交流可以丰富自己的体育知识，了解不同的体育信息，另一方面，可以促进人际关系的发展，激发学生的运动动机，为培养终身体育意识提供良好的平台和基础。

三、高校体育教学工作中开展拓展训练的特点与模式

（一）高校体育开展拓展训练的特点

传统体育教学过程以教师为主、学生为辅，重视对学生进行知识的传授，并把传统知识技能当作教学的最终目的，这种教学模式不利于学生创造性思维的发展，不利于培养学生稳定的心理素质和良好的社会应变能力。拓展训练与传统体育教学最大的区别在于拓展训练以学生为中心，强调学生的“学”，淡化教师的“教”。在拓展训练中“学”，是为达到教学目标而有针对性为学生设计的活动内容，而教师的“教”是指通过模拟情景、场地设施、训练项目等为学生创造学习的外部环境，教师只是给予及时的启发、引导。这种体验式的教学模式进入大学体育课将有利于加快传统体育课教育观和模式的改变。

传统教学体系中交流、沟通的方式是在教师和学生间的单向沟通，而拓展训练中的沟通则是多向的。在教师与学生的多向交流过程中，学生与教师之间、学生与学生之间相互交换感受，最终达成一致意见来完成任务。

拓展训练是一种体验式学习模式，与传统的教学有很大不同。传统教学以教师为中心，注重知识、技能的传授，教学内容单调，组织形式单一，重视成绩评价，忽略学生的个性发展。而拓展训练的体验式学习侧重个性发展，注重体验，注重实践与理论结合，而且拓展训练内容丰富多样，寓意深刻，注重实效性，以体验引导作为教育手段，通过拓展训练，让学生感受到稳定的心理素质、良好的社会应变能力、优秀的团队意识对获得成功的重要性，

使其牢牢地刻在学生的意识中，并且通过分享回顾、引导总结使学生在拓展训练中获得的体验能够在今后的学习和工作中发挥持续效用。

（二）高校体育开展拓展训练的教学模式

1. 教学模式的指导思想

高校体育开展拓展训练的教学模式要坚持以学生为主体、教师为主导，在教学过程中充分发挥学生的主体地位，关注个体差异，遵循学生的身心发展规律和教学规律，通过体验学习激发学生潜能，以提高学生的社会适应能力以及团队意识、创新能力为总体指导思想，同时重视拓展训练内容的文化含量，把拓展训练与素质教育有机结合起来，实现素质教育对培养全面发展的创新人才的需要。

2. 教学模式的目标

拓展训练以小队为单位活动，通过一系列活动项目的开展，不但能够激发个体的潜能，提高个体的心理素质，培养个体良好的创新能力，提高个体的管理能力和社会应变能力，而且能够增强团队的凝聚力和创造力。

（1）团队建设

①领悟有效团队合作的关键因素。

②增强团队意识和创造力，相互信任、尊重。

③发扬民主，集体决策。

④各司其职，相互鼓励，互相配合，以实现共同目标。

⑤掌握团队创新和克服团队沟通障碍的技巧，充分认识团队创新的重要意义。

⑥服从大局，提倡勇于奉献的精神。

⑦营造和谐氛围，提高团队管理能力。

⑧以集体为荣，增强集体荣辱感。

（2）管理才能

①明确管理才能的内涵及影响因素。

②探索不同的领导风格和技巧。

③感悟管理中的计划、组织、控制、领导、协调的重要性。

④运用创造性思维，探索不同的决策方式。

⑤增强管理意识，提高分析问题、解决问题的能力。

（3）个人发展

①发现自我、认识自我、提升自我。

②独立协作、相互尊重和信赖。

③重新审视自我，发掘个人潜力。

④增强个体责任感，培养集体意识。

⑤培养稳定的心理素质，增强面对挫折和挑战时的信心。

⑥理解拓展训练目的，明确个体的目标和价值。

⑦体验自己的心理极限，磨炼战胜困难的毅力和决心。

⑧学以致用，将拓展训练高峰体验应用到日常的学习工作中。

3. 教学模式的设计原则

（1）以人为本原则

拓展训练属于体验式学习方式，根据学生知识背景、专业等方面的不同，设计场景和训练项目，让学生通过活动发现自我，重新认识自己的潜能，将拓展训练效果渗透到学生的行为体验中。从学生在面临挑战时的本能表现和现有的思维方式与行为方式着手，通过具有针对性的课程设计和指导，完成最深刻的观念转变和形成更好的行动方案，最终形成优秀的品质。在这一过程中要体现以人为本，即以学生为中心，以学生的“学”为主导，着力体现学生的主体性，这样不但能够保证学生在拓展训练中的自主地位，而且能够保证学生的个性特征在拓展训练过程中得到尊重和张扬。

（2）安全性和惊险性原则

由于拓展训练特殊的培训过程，在训练活动中没有绝对的安全，偶尔有一些风险事件发生，风险一直在我们身边，如空中断桥、天梯、攀岩、求生墙等项目的确存在危险性，在进行这些风险相对较大的项目时，在安全方面必须做好充分的保障工作，拓展训练课程教师一定要做好安全方面的宣传教育。尽管风险存在，但因其独特的魅力，它吸引了越来越多的学生参与其中，因为其存在的风险正是吸引人们，特别是年轻人参与拓展训练的魅力之一。从社会学的角度来看，在有惊无险的活动中追求安全成为越来越有价值的目标，在安全的边缘挑战是参与拓展训练的一个方面，只有努力地将风险化解为安全，才能体会重归安全的美妙和成功的快乐。

（3）开放性和普遍性原则

拓展训练旨在培养学生稳定的心理素质和良好的社会应变能力，帮助学生树立正确的人生目标，敢于挑战自我极限，具有克服挫折的毅力和信心，培养优秀的创造性思维和积极的人生态度，增强团队合作意识。学生素质拓展训练又是一项系统工程，它是在各级组织的总体安排下的团体性学习教育活动。因此，不受专业、年级和学校的局限，适合各种接受学校教育的本、专科和研究生，可以开放设计，鼓励学生积极参与，鼓励不同专业背景、不同年龄层次的学生相互交流借鉴，提倡文化融合和资源共享，以实现激发个体潜能、认识自我、提升自我和积极进取的人生奋斗目标。

（4）创造性和实践性原则

拓展训练为学生展示自我、发挥创造精神提供了最好的机会和场所。坚持创造性原则就是让学生积极主动参与到拓展训练中，自己制订活动计划、安排活动内容，在活动过程中运用发散性思维，积极探索拓展训练的组织、控制、协调、领导、创新等管理机制，发挥创造性的想象和思维，从而大大提高学生的创造能力。拓展训练有利于手脑并用结合，达到立竿见影的目的。在拓展训练的过程中，应使参训学生根据自己的知识背景、能力，将理论知识应用于实践，即从实践的角度，确定拓展训练的内容、方法、项目和时间安排等。

（5）最大性和最小性原则

拓展训练的各种活动项目看起来只是游戏，但都有一定的难度，这个难度不仅仅体现在体能素质要求上，还主要表现在心理素质上。有些项目表面看似乎高不可攀，难以逾越。如“高空断桥”，这是以个人挑战为主的项目，属于高空类高心理冲击的惊险项目，整个过程需要独立完成。因此，需要学生向自己的能力限度挑战，跨越“极限”。最终，在坚持心理挑战最大、体能和冒险最小的基础上，通过努力，最终克服心理障碍，战胜自我，完成活动，从而达到心理训练的目的。

（6）传统与创新相结合原则

拓展训练经过不断的发展，已经形成了一套完整的理论体系和训练模式。高校体育开展拓展训练的课程设计，在内容选择、教学目标、实施组织等方面，要在借鉴传统拓展训练模式的基础上进行创新，结合高校实际，进一步总结已有的富有实效和生命力的拓展训练内容和形式，同时要根据新形势下对人才素质和学校育人工作的新要求，与素质教育有机结合起来，以适应学校教育教学改革的新变化，创造新的生长点。

4. 教学模式的基本内容

将拓展训练引入高校体育课既符合现代课程改革的发展趋势，充实了高校体育教学的内容和组织形式，集实效性和趣味性于一身，同时又丰富和完善了我国高校素质教育教学的课程体系。但是将拓展训练引入高校体育课并不是一味模仿沿袭传统拓展训练的模式，更不是简单的复制过程。在依据拓展训练特点、组织形式的基础上，结合高校师资配备、场地设施、财力物力资源等实际情况，内容安排可分为理论课、实践课两个部分和理论课讲授、基本素质训练、综合素质训练三个阶段。

理论课包括拓展训练与体育基本知识、拓展训练的起源、拓展训练的功能、拓展训练的核心价值和目的意义等知识，与提高拓展训练有关运动科学的知识，与开展拓展训练有关的安全教育、运动损伤保健等知识。

实践课包括基本素质训练和综合素质训练。基本素质训练主要是提高学生的心理素质和社会适应能力，激发学生潜能，提高其团队领导能力。综合素质训练主要是增强学生的团队意识，培养学生的人际交往能力以及提高其应变能力和创新意识，培养学生的管理、计划、组织、协调、决策能力。

5. 教学模式的运用方法

要使学校拓展训练的课程模式严谨科学，具有可操作性，使活动取得预期的效果，就应在拓展训练项目开始之前做好准备工作。

教师应先了解参训学生的具体情况，包括学生的身体素质、专业系别等，可以通过召集不同类型的学生开座谈会的方式进行，其后根据学生的具体情况制订有针对性的课程训练计划，安排具体培训项目。在具体的实施过程中，拓展教师应在确保安全的情况下，尽量做到学生害怕什么项目，就让学生做什么项目。让学生亲自体验拓展训练项目，自己去尝试自认为根本不可能做到的事情，这对学生本身来说是一个前所未有的挑战。它所产生的心理体验是巨大的，也是潜移默化的，它有助于学生良好心理素质的培养和自信心的建立与强化。因此，拓展训练只有在此基础上开展和实施，才能达到预期的目的和效果。

拓展训练课程由多个针对不同训练目的的项目组成，这些项目根据不同的训练目标进行整合排列，将不同类型的项目合理穿插进行，在进行科学排列时，尽量做到循序渐进，因材施教，因人而异，因势利导。学校拓展训练的课程模式一般由五个环节组成：体验—感受—分享—总结—应用，这五个环节相互独立又相互联系。

（1）体验

体验学习是学生最基本的一种学习方式。体验学习过程一般是指个体在亲身经历过程中，通过反复观察、感受、实践、探究，对认知、情感、行为和意识的自省体察，心灵感悟，最终认识某些可以言说或者未必能够言说（意会）的事物，掌握知识和技能，发展能力，养成某些行为习惯，形成某些观念、情感、态度乃至心理品格的过程。体验，是拓展训练进行的第一步。任何一个拓展训练项目的开始都是学生在拓展训练课程教师的指导下去亲自经历模拟场景，亲自参与训练过程，完成一项训练目的，从而获得拓展训练的原始体验，这种原始体验是整个过程的基础，是学生激发自身潜能发现自我的开始。

（2）感受

感受是外界客观事物的影响而产生的一种心理活动。在感受这种复杂的心理活动过程中，既可以包含特定的情感体验因素，也可以包含一定的认识和理解因素。感受以感觉为基础，感受的结果以知觉的形式体现出来。在拓展训练中，学生通过置身其中，得到最真实、最直接的感受。这种感受不仅是全方位的，还是发自学生内心的，因此，具有很强的生动性，可以使学生印象深刻。在这个过程中，学生将自发地回想获得这种感受的全过程，并在头脑中对这一过程进行加工分析，从而使这种感受得到强化，开始产生自己的观点。这个环节是极其重要的，也是学生重新认识自我的过程。

（3）分享

学生亲身经历拓展训练后，一定会有自己的感受和见解，这种感受和见解因人而异。如何将这些不同的感受和见解整合起来，供大家相互交流借鉴，是拓展训练分享回顾环节的重要任务。拓展训练课程教师在这一环节要进行适当的引导和鼓励，灵活运用提问等技巧，让学生以开放的态度来面对拓展训练带来的全新感受，以多元视角思考挑战时所面临的压力，从而深刻认知自身存在的潜能。同时，每个人都把自己的感受进行即时的分享，每个人就会得到不同于自己的见解和经验，这不仅是学生本人的收获，也是拓展训练的魅力所在。

（4）总结

经过分享回顾，大家的观点趋于成熟时，拓展训练课程教师将根据大家最终讨论的结果，进行快速的整合归纳，并结合拓展项目的特点和理论知识，进行最后系统的引导和总结，引导学生加强对拓展训练成果的认知，帮助学生将感性认识上升到理性认识，对亲身体验中获得的成果进行完善，作为实现由发现自我、认识自我到提升自我的最终目标。

（5）应用

拓展训练的效果并没有随着拓展项目的完成而结束，重要的是将拓展训练中的所感所悟在生活情境中加以运用，达到学习的目的，这一过程是在训练之后，由学生在今后的学习、生活和工作中独立完成的。实践是认识的来源和基础，也是认识的目的和动力。学生在拓展训练中获得的认识又对实践具有能动的指导作用。

四、高校体育教学工作中开展拓展训练的路径探析

（一）加强拓展训练的宣传教育工作

1. 设立拓展训练中心，提供宣传平台

我国高校实施拓展训练不仅是对体育教学内容、组织形式的有力补充，还是素质教育开展的新形式。高校领导要从思想上予以重视，从人力、物力、财力上给予支持，设立拓展训练中心，为学生了解、参与拓展训练提供交流平台。

2. 开展拓展项目竞赛，提高学生参与拓展训练的积极性

各种体育竞赛不仅可以丰富校园体育文化、增加体育课程内容，还可以促进学生对体育项目的了解。高校也可以借鉴体育竞赛的开展模式，举办一些拓展项目挑战赛（如拓展训练运动会）、拓展训练知识竞赛，可通过校园网、广播、多媒体、校报、报栏等方式进行报道宣传，促进拓展项目在校园的开展，增进交流与友谊，增强拓展训练在校园的影响力，是加强拓展训练宣传教育的有效途径。

3. 将拓展训练的理念和方法融入体育教学中

高校拓展训练课程不是单纯的体育课教学，但体育课教学可以根据拓

展训练的目的与要求，将一些拓展训练项目与体育内容相通的地方以及在体育课上便于开展的拓展课程形式进行推广。在课堂中也可以向学生传授一些有关拓展训练的理论知识，如拓展训练的起源、发展、功能等，既能够丰富学生的知识，又能够宣传拓展训练，可谓一举两得。

4. 整合资源，加大对拓展训练的投入

针对高校硬件设施不同的情况，高校拓展训练有关部门要努力协调，积极搭建平台，让学生互动，建立拓展训练教研室或拓展训练俱乐部，不仅负责拓展训练的管理组织工作，更主要的是作为学生了解、咨询和参与拓展训练的中介机构来负责拓展训练的宣传教育工作。

（二）强化拓展训练的安全教育意识

拓展训练受场地、器械因素的影响，拓展训练内容和组织形式的多样性及特有的心理挑战等，决定了高校体育开展拓展训练具有一定的风险性。但这并不可怕，因为这种风险是可以提前认识并人为控制的，只要采取正确、合理的安全防范措施，拓展训练就可以安全、有序地进行。

1. 拓展训练的安全教育方针

安全对我国高校拓展训练来说不仅意味着完善的教育教学体系和严格的管理制度，还是参训群体思想意识的一部分，拓展训练课程教师和参训学生必须紧绷安全之弦，把安全放在拓展训练的首要位置。

拓展训练课程教师在实际操作过程中必须严格按照安全程序和指标进行指导、监控，这样才能保障高校体育在开展拓展训练中实施“100% 的安全保障”这一安全指导方针。

2. 高校拓展训练课程教师的安全操作原则

（1）备份原则

任何需要安全防护的地方及器械都要有备份，确保万无一失；遇到主锁、安全带等问题时要及时更换，做到及早发现问题及早解决，以降低安全事故的发生概率。

（2）复查原则

所有的安全保护在准备完成后都要复查一遍，以消除操作失误的可能性；安全器械的检查要由专人负责，降低交叉管理的可能性，防止由于器械经手人过多，问题出现后却没有人上报，造成责任不清的局面。

（3）监护原则

培训师要对项目进行中可能遇到的安全问题进行全程监护，将任何隐患消除在萌芽中。

（4）完善的行动原则

双重保护——任何需要安全防护的地方及器械都设双重保护，以确保安全。

二次复查——所有安全保护在准备完成后都由第二个人复查，以消除操作失误的可能。

全程监护——培训师对项目进行中可能遇到的安全问题进行全程监护，杜绝任何隐患。

队医随行——具有执业资格的随队医生跟队训练，随时关注队员的身体状况。

（5）及时处理原则

在拓展训练实施过程中，难免会发生一些意想不到的危险和突发事件，当出现突发事件时，教师要镇定自若，沉着冷静，及时恰当地处理好突发事件，并现场分析造成突发事件的原因，从而教育和引导学生以正确的方法进行拓展练习。

（三）以拓展训练促进素质教育的实施

素质教育是依据人的发展和社会发展的需要，通过各种教育手段和方式，全面提高人的各方面素养的教育，具有全体性、全面性、发展性和主体性的特征。素质教育重视学生在学习过程中的主体地位，强调学生的“学”，淡化教师的“教”。

拓展训练以团队和个人为单位，通过完成一系列的既定任务以达到认识自我、提升自我、熔炼团队的目的。拓展训练通过系统科学的体验活动可以把素质教育的理念和要求融入其中，不仅能够促进学生的整体提高和全面发展，还可以使学生充分认识集体的作用，加强学生的团队合作意识与集体荣辱感；认识自身潜能，增强自信心，提高心理健康水平；克服心理惰性，磨炼克服困难的毅力；启发学生的创造性思维，提高其分析问题、解决问题的能力；增强学生的团队精神和能力、沟通技巧；帮助学生改善人际关系，提高学生的沟通和社会适应能力，达到双赢的目的。

（四）建立良好的拓展训练课程新型师生关系

1. 拓展训练课程中的学生

学生在整个拓展训练教学过程中是一个参与者，学生要主动地、积极地投入拓展训练活动，根据自身素质、知识背景、健康水平去选择合适的团队位置进行拓展项目活动；学生在拓展训练教学过程中是一个求知者，拓展训练的目标是在培养学生身心健康的同时，充分发挥学生的个性和特长，使学生通过亲身经历和体验，在探索中追求真正的学习，从而获得最大的收获。拓展训练集娱乐性、趣味性和实效性于一身，因此，学生在拓展训练教学过程中的学习行为应该是主动的、积极的，拓展训练效果主要取决于学生在团队项目和个人发展项目中的自我定位、自我认识，而不是完全取决于拓展训练课程教师所付出劳动的多少。

2. 拓展训练课程中的教师

拓展训练课程教师在整个拓展训练教学过程中为学生和知识、技能之间架起一座桥梁。在项目训练过程中，拓展训练课程教师一般不参与具体知识和方法的传授，而是站在更高层次，全盘谋略，实时监控。作为一种体验式学习方式，拓展训练课程训练强调学生的“做中学”，而淡化教师的“教”，教师的职能发生了转变，拓展教师要明确角色定位和心态定位，在充分尊重学生主体地位的基础上发挥主导作用。

3. 建立师生新型的民主合作关系

拓展训练是一种体验式教学，学生在活动中处于主体地位，学生要在教师的引导、帮助、监督下积极主动地进行探索，通过身体力行地做，收获感受，从做中学，从做中思。教师要改变命令式的口气，用亲切、自然的口气来指导课程，与学生建立和谐的民主合作关系。拓展训练的挑战在于教师能够使学生运用自己的头脑去学习、感悟，形成自己的结论，并且最终运用于现实。拓展训练的目标为训练改变态度，态度改变行为，行为改变命运。

（五）大力开发与利用拓展训练课程资源

1. 高校拓展训练课程人力资源的开发与利用

高校为拓展训练课程的实施提供了人力资源保障。高校拥有结构合理的师资队伍，他们的综合素质普遍较高，同时，他们来自不同的学科专业，有着不同的知识背景与丰富的理论知识和教学经验，对教育学、管理学、心理学等方面的知识也有一定的了解，只要进行系统的正规培训，完全有能力胜任拓展训练的教学工作，而且高校教师还能依据学生日益增长的需求和高等教育水平的不断提高，主动为自己“充电”，提高自身的综合素质，以适应社会变革发展对未来教师素质的要求。这一优势为拓展训练课程的师资开发与利用提供了人力条件。

2. 高校拓展训练课程物力资源的开发与利用

场地、器材、设施是拓展训练课程顺利实施的重要物质保障。拓展训练项目所需场地比较简单，训练方式多变，一个篮球场的空间也可以进行训练，有些项目遇到恶劣天气也可以在室内（体育馆）进行，有些项目所需器材完全可以自制，不需要购买专业训练器材，有些项目基本不用器材。

3. 高校拓展训练课程财力资源的开发与利用

资金往往是我国高校开展拓展训练所遇到的最麻烦、最普遍的问题。为此，高校有关领导、机构不仅要从思想上予以重视，把拓展训练纳入学校发展规划，还要把开展拓展训练所需要的经费纳入学校财政预算中。高校实施拓展训练，可以本着“多有多投资，少有少投资”的原则来挑选训练项目，有财力条件的学校可以建立自己的拓展训练基地，或者在同一所城市的几所高校联合起来建立共用的训练基地；条件差的学校可以选择与社会拓展训练机构联合办学的方式进行，通过定期或不定期地租用专业拓展训练基地课程教学，或从社会中寻求合作，引进资金，实现双赢、共同进步。

第二节 生态体育视域下高校体育教学模式创新与优化

一、生态体育视域下高校体育教学模式优化原理

（一）生态体育视域下高校体育教学模式的优化原则

1. 整体性原则

高校体育教师是否拥有整体观念以及在思考和处理问题时能否采用整体观念对于维持高校体育教育的生态系统平衡有着非常重要的作用。影响高校体育教育的效能和高校体育教育功能发挥的因素很多，如高校体育教育生态系统的各种内部和外部因素，以及各种人为原因都会引起高校体育教育的生态系统不平衡等问题。随着现代文明社会的推进，人们越来越重视人与自

然的和谐统一，如何在体育运动开展的同时倡导和实施生态文明理念，已成为体育发展的主流方向之一。从生态视野创新优化高校体育教学模式要坚持整体性原则，这要求高校体育教师在思考和处理问题的过程中，不仅要重视整体，还要关注局部各要素。

此外，也不能忽略局部对全局的影响，甚至在某些特定情况下局部也可能会对整体起决定作用。因而，高校在制定方针政策、进行资源配置以及调整组织结构等时要考虑高校各个部门、各个领域的整体性，以使高校各条线的管理工作发挥更大的功效。使整体性原则贯彻于建立组织机构、制定相关制度、方案实施以及检查评估的全过程，创新优化高校体育教学模式，充分协调高校体育教学生态系统内部各要素，确保高校体育教育生态化进程的稳步推进。

2. 动态性原则

动态性是事物发展的规律和特性之一，高校体育教育生态系统也具有这一特性，因而它的发展也需要遵循这一原则。作为一个具有动态性特征的系统，它不仅受到系统内部因素本身的限制，还受其他相关系统的制约，而且这种影响并不是一成不变的，它会随主体、时间和地点的变化而发生变化。高校体育教育生态系统要保持开放状态，根据外界相关系统的变化不断调整前进的步伐。因此，高校体育教育在发展过程中，要遵循社会发展规律，时刻关注高校体育教育发展的最新动态，掌握最前卫的信息才能把握高校体育教育生态系统的发展趋势，及时发现自身问题并进行调整改善，以确保高校体育教育生态系统的有效运行，最终实现保持系统平衡的目的。

3. 系统性原则

所有的系统都是由很多要素组成的，高校体育教育的生态系统也一样，它由许多要素组成，各个要素相互依赖且存在一定联系，从而使高校体育教育生态系统构成了一个具有一定功能的综合整体。一个完整的系统既有内环境又有外环境，既有宏观因素又有微观因素，然而各个要素在系统内具有不同的作用，在它们的相互作用和相互影响下，系统能够发挥整体功效。因而，从生态视野创新优化高校体育教学模式时需要遵循系统性原则，用系统性观念看问题，在处理高校体育教学问题时要关注各个要素之间的联动性、相关性以及各要素在结构和层次上的连接与协调，以提升系统运行的整体效果。

另外，还需要走出高校体育教育生态系统，从系统外的大环境结合各种宏观因素把握高校体育教育生态系统内部的变化和发展，以实现系统内与系统外的整体和谐，使高校体育教育生态系统的功能得到最大限度的发挥。

4. 差异性原则

在高校体育教育生态系统内部，各个要素、各个主体既是相互联系的整体，又是各自独立的个体，且每个个体都有明显差异，它们在系统中有着自己独特的功能。系统内部的这种差异性运用到高校的教学管理中体现为学校不仅要整体把握协调各项工作，还必须合理分清每项工作的要求和工作性质。在尊重个体差异的前提下，立足现状和实际需求，区分事情的轻重缓急，这样才能确保学校整体工作有序开展、协同推进。

一方面，高校体育教育的管理者不仅要从整体上管理师资队伍，还要熟悉每一位教师的特点并尊重他们之间存在的差异，遵循扬长避短的原则合理分配工作，使他们的才智得到最大限度的发挥。

另一方面，高校体育教师在教学过程中要充分认识学生个体之间的差异并尊重他们的这种差异性，因材施教，使每一个学生的专长和潜能得到最大限度的挖掘与开发，促进学生的自由全面发展。高校体育教育的生态化发展不仅是一种迎合时代发展、满足社会进步需求的全新理念，还是一种极具生命力的发展理念，因而，这种发展趋势必然是实现高校体育教育可持续发展的理性选择。

（二）生态体育视域下高校体育教学模式的结构优化

1. 个体生态结构优化

高校体育教学过程中的个体生态是一种微观生态，它是指受教育的对象本身的生态系统，即学生本身包含的生态系统，其目的在于培养学生在体育上的生态意识，并逐渐将这种意识付诸行动，形成良好的体育生态氛围。高校体育教学过程中的个体生态受多方面因素的影响。

首先，在自然环境方面，建筑设备、体育器材配备、体育场馆的采光绿化和各种自然气候等的不同都展现出不同的个体生态特征。

其次，高校的办学规模、师资条件、经费投入和高校管理者对本校体育教育的重视程度等的差异都对个体生态有影响。

最后，高校体育教师在体育教学过程中采用的教学方法也会引发个体生态的不同反应，高校体育教师如果能做到因材施教，那么就能够为学生个体生态创造良好的条件。

教师在教学过程中对不同的学生采用不同的教学方法，对待后进生应以辅导和帮助为主，对待优生应进行更多的培养，这种做法充分体现了根据个体生态特点进行施教。因而，高校教师良好的教学态度、采用正确的教学方法、积极引导和鼓励学生都能为学生个体生态提供有利的条件，形成良好的生态环境，有助于学生的全面和超常规发展。

2. 群体生态结构优化

生态学按照研究对象分为四个层次：个体生态、种群生态、群落生态和生态系统生态。在体育教学中，人们把种群生态和群落生态结合为群体生态。有利的小生态环境可以促成个体的超常发挥，不利的小生态环境可能造成相反的结果。大学的一个系科可被视为一个教学生态群落，而一所大学就是一个教学系统，一所中学或小学则可被视为一个群落，有时也可被视为一个小的教学系统。

影响体育教学群体的生态因素很多，教学群体之间有竞争、合作、中性等多种与生物系统不全相同的相互作用表现，教育者应运用群体动力学来推进群体中个人的发展，这对教育者的素质提出了一定的要求。因而在体育教学过程中，要关注群落环境的营造，使教育群体的各生态因子形成有益的合作、竞争，从而达到 1+1 ＞ 2 的效果。

高校体育教学中包含了很多群体，如寝室、班级、社团等，其中有正式的群体也有非正式的群体。对群体生态产生影响的因素有很多，既包括物质上的，也包括精神上的；既有生理方面的，也有心理方面的；既有来自自然的，也有来自社会的；还有来自政治、经济、文化等多方面的因素。因而，在对高校体育教育中的生态群体进行改进的过程中不能一概而论，而要对不同的因素进行具体分析后采取有针对性的措施，利用群体的优势培养良好的生态气氛，加速高校体育教育群体生态化进程。

二、生态体育视域下高校体育教学模式优化路径

（一）创新与优化体育教学模式的目标

1. 培养个体的社会交往能力

生态系统中，生物都是生活在一定的生态环境中，与一定的生态因子

发生联系，并且与其他生物以互利共生、中性或互害等形式发生联系。以生态理论中联系和发展的观点为原则，在制定体育教学目标时，要注重体育教学中的社会交往能力、学生竞争能力、对规则的遵守和合作能力的培养。

参与体育活动的过程是在与同伴的默契配合、在与对手的斗智斗勇、在与大自然的融合中获得心理满足的过程，它不仅满足了人的自尊心、自信心和自豪感，还扩大了人们社会交往的范围，满足了人们交往、合作的需要。

在社会主义市场经济条件下，人与人之间的利益关系越来越明显，体育的经济价值也日益受到人们的关注。体育的经济价值不仅在于体育活动本身带来的经济利益，更主要的是它把公平竞争的体育原则引入市场经济中，改善了人们的经济关系。人们在竞争中逐步认识到公平竞争与合作双赢对利益双方的重要作用。体育竞争的原则促使人们不断地向健康的经济利益关系迈进，对纯洁社会关系、净化社会空气也起到了促进作用。

随着社会生产力的不断发展，社会物质财富的不断增加，人们的工作时间越来越少，自由支配的时间越来越多，人们可以按照自己的天赋、特长、个性、爱好自由选择体育项目，强身健体、愉悦身心，自由全面地发展自我。在体育运动中，人们既是普通的参与者，又是各方面的社会活动家。他们不再受民族、阶级、地域、分工的束缚，广泛地参加各方面、各层次的社会交往，从而形成了个人社会关系的高度丰富和全面发展，为最终实现个人对社会关系的全面占有和共同控制奠定了良好的基础。

2. 发展学生的社会适应能力

生态系统中的生物通过生态适应和生态进化，与环境相适应。个体在现代生活中，也需要一定的反应机制对环境要求进行适应。在生态体育教学理念下，大学体育教学应加强对学生身心体验的关注，强调打造以快乐、休闲、静心、审美等为特点的健康体育。体育能促进个体自我调节的机制，人的健康机体是一个稳定的统一体，良好的情绪和平稳的心理状态有利于保持和促进整个有机体的稳定和平衡。

体育运动能够把道德教育的内容融入其中，使受教育者在不知不觉中受到道德教育，提升道德层次，培养道德素质。比如，拔河比赛需要步调一致、齐心协力；体育游戏需要分工合作、规范秩序；同场竞技需要公平竞争、顽强坚毅；等等。而且体育运动能够激发爱国热情，振奋民族精神，凝聚民族力量，融洽民族感情，从而促进整个民族思想道德素质的提高。同时，体育是教育的重要组成部分，它能够向受教育者传授有关身体健康和体育运动的基本知识和技能，并使人们在学习和训练的过程中提高文化素质和运动技能，养成良好的运动习惯。所以在体育教学中，要注重培养个体对环境变化和现代生活要求的适应能力。

3. 重视体育运动能力的培养与运用

第一，制定培养学生体育运动能力的课程目标，增强对学生体育知识、体育技能和体育技术的传授。一方面，有利于增强学生身体素质，为发展终身体育提供健康保证；另一方面，有利于促进学生运动技能水平的提高，激发学生的体育兴趣，使其自觉参与体育活动，养成良好的体育锻炼习惯。

第二，制定学生对于体育运动技能的运用能力的培养目标。体育课作为高校的必修课，在大多数高校的培养计划里都有两年的学习任务，也就是说，学生有足够的时间去学习并较好地掌握一项以上体育技能。高校应制定培养学生体育技能的运用能力的课程目标，并把它放到与提高学生体育技能的目标同等重要的地位，只有当学生能够熟练地运用体育技能，才有可能将其发展为终身体育，这也是高校体育可持续发展的重要目标。

（二）创新与优化体育教学模式的内容

随着高校体育教育研究者不断地探索和实践，我国高校体育教学质量有了一定的提高，也有很多高校尝试让各式各样的体验教学进入学生课堂。生态视野下高校体育教学模式认为，新时期的高校体育教学内容，应当从丰富高校体育项目、重视体育理论和方法论的教学以及营造体育氛围和人文环境方面进行创新与优化。

1. 丰富高校体育项目

生态系统物种的多样化是生态系统平衡和自我调控的一个重要条件，在体育教学中，单一的项目教学会影响体育教学目标的实现。高校应根据学生的能力、特点、兴趣爱好和时尚潮流适当增加高校体育教学课程项目。可供选择的体育项目丰富了，学生一定可以选到自己感兴趣的体育项目，这样势必增强学生的体育学习兴趣和积极性，教育者们也可以有更大的选择空间，从而减小教学压力。同时，学生通过自主选择的全过程，找到自己喜爱并合适的运动项目，能使自身主动参与到体育锻炼中，积极学习并掌握相关体育项目的技术、技能与知识，从而提高科学体育锻炼的水平。

2. 重视体育理论和方法论的教学

生态系统中结构与功能的整体理论强调，要系统实现其目标和功能，必须有完整和优化的结构。在体育教学中，除了体育技能学习外，人体科学的理论教学和体育训练的方法论教学也是重要的组成部分。

当前我国高校体育教学中体育理论课教学所占课时偏低，甚至有很多学校根本就没有开设体育理论课。一方面是由于高校体育教师忽略了体育理论学习对学生更全面地掌握体育知识和技能的重要性；另一方面是因为我国高校体育理论知识系统发展不完善。创新和优化高校体育教学模式提倡在高校体育教学内容中，适当增加体育理论知识学习在体育课堂的比例。另外，要注重完善高校生态体育理论的内容和范围。通过生态体育理论教学使学生学会根据自身情况进行科学锻炼，掌握基础的运动康复保健知识以及在体育运动中学会自我保护和基础护理。

3. 营造体育氛围和人文环境

生态学中，生物生活在一定的环境中，并与之发生作用。良好的环境能促进体育教学。高校可以通过开展多种多样的生态体育活动吸引广大师生参与校园体育文化的建设，营造校园生态体育文化氛围。同时，高校应积极探索体育对人的意义和价值，利用广播、电视、网络、宣传报等多种形式广泛传播积极、健康、拼搏、向上的体育精神，大力宣传生态体育知识。

另外，可以通过班级或学院组织课外活动的形式，带领学生到大自然中开展丰富多彩的生态体育活动，如踏青、登山、自行车、远足等都是非常受学生欢迎的户外活动，可以让学生在自然环境中认识和感受生态体育，逐渐把这种体验带回校园，融入校园体育文化氛围中。

（三）创新与优化体育教学模式的方法

1. 实现教学手段的多样化

科学客观地实施体育教学，满足个体技能与身体的协调发展，将两者有机组合能发挥人体最大体能，这能促进大学生更有效地掌握科学健身方法。照顾个体差异，以人性化为切入点进行教学方法的创新，既考虑了个体运动方式的合理性，也考虑了每种方法对身体机能的适应程度。个性化的体育教学方法创新注重以个体性别、年级、学校、地域的差别为依据进行统一划分，以达到关注个体全面发展、多层次发展、多样化发展的目的。兴趣是最好的老师，只有提高了个体运动的兴趣与热情，将教学方法创新聚焦于个体的创造源泉，在施教过程中不断增强和磨炼个体创造意识，才能真正地将体育锻炼转化成人本能的原动力。

2. 实现学生主体的个性化

社会不断发展、科学日益更新，新鲜事物层出不穷，人们能时刻感到社会在进步，与此同时，人的个性也在改变。教育水平是衡量社会发展与进步的一个重要指标，现代教育制度愈来愈重视个体的发展，通过从不同方面弥补个体发展的差异与不足，从而实现个体自身的提高与充实，以满足个体的个性发展。因此，高校体育教学工作也必须遵守这一宗旨。在活动实践过程中，教学者要注意挖掘学生的兴趣点因材施教，使其最大限度地发挥自身优点与特长，这就要求高校体育教学内容承上启下、承前启后，为学生个性发展提供平台，并通过此平台最直接地展现每位学生的个性魅力。体育活动锻炼的方式是最能体现个体个性的，因此，在体育方法创新与改革中，要注重个体活动实践过程中个性的发展，使其从活动中体验到体育实践带来的乐趣，领悟到体育运动的真谛。

高校体育培养宏观目标旨在培养未来社会的建设者和接班人，因此必须为学生的个性发展提供合适的空间，它必须满足每个个体的发展。若每个个体都能了解自己的所在层次与能力水平，则就达到了体育教学的普及性要求。体育教学方法革新需要遵循终身性发展的要求，为不同个体寻找符合自身发展的终身运动，实现参与目标、技能目标、身体健康目标、心理健康目标和社会适应目标。

3. 实现教学方法的现代化

体育教学现代化是教育现代化的重要标志，因此作为高校教育者更应提倡与鼓励这种教学方法。体育教学作为“五育——德、智、体、美、劳”中的重要学科，其地位举足轻重。体育教育作为教育教学的重要环节，对学生身体素质与终身体育的要求也越来越具体，除了日常体育课程教学、课外活动教学以外，对学生体育理论方面的知识、对比赛组织与裁判规则、自我锻炼指导与体育竞技、体育欣赏等方面的内容提出了更高、更具体的要求。学生体育活动内容越来越丰富，体育竞技项目越来越普及，随之而来相对应的运动项目的实施、开设、场地、器材、教师教学能力的要求愈来愈高。

充分利用网络进行体育教学，是一种新的尝试，可以弥补传统体育教学方法的缺陷与不足。

首先，它实现了高校体育教学知识内容从“灌输”到“启发”的转变，注重学生创造性与实践能力的培养；实现了体育技能学习到体育知识发展的过渡，有助于使学生形成终身体育的意识。

其次，体育网络教学模式的实施，既实现了高校公共体育教学由课内向课外运动的目标的延伸，提高了体育教育生活化程度，又有利于学生自我体育活动分配的形成。学生有了网络体育教学辅助，就可以根据自身情况安排课程、选择课程，反复对教学课程进行学习与研讨，也可以根据不同场地如寝室、图书馆、教室进行时空的突破，使“教育生活化”不再是空想。

最后，完善与健全高校体育学习系统网络平台，有助于转变传统高校体育单纯围绕教师与学生口头互动、课堂传授学习内容与知识技能的单向性局面，能有效解除学生自主性学习培养与发挥的制约因素。网络平台是一个庞大的资料库，汇聚各地高校、体育部门、图书馆等优质资源，为高校师生学习体育知识，了解当前体育相关发展动态、体育赛事等，提供了最直接、最便捷的途径，既有利于达到师生互动的目的，也能促进更快地实现体育教学目标。

第七章 新时期高校体育教学与体育文化融合发展

第一节 体育教育与体育文化

一、体育文化的要素

从体育文化的定义来看，体育文化包含体育精神文化、体育制度文化、体育物质文化三方面的要素，这三方面的要素共同构成了体育文化的结构。

（一）体育精神文化

体育精神文化主要指体育文化的精神、观念层面，包括人们在长期的社会生活和互动中对体育产生的价值观念、心理倾向，以及通过抽象的声音、色彩等表现体育精神的艺术文化等。

（二）体育制度文化

体育制度文化主要指体育文化的制度规范层面，包括体育运动中人的角色、地位及各种体育活动的组织形式，为促进体育的发展而形成的各种组织机构，人们围绕体育而创造的各种直接影响体育活动的原则，制定的各种规章制度、条例以及管理体制和风格等。

（三）体育物质文化

体育物质文化主要指体育文化的物质实体层面，包括凝结体育文化特质的各种物质产品，如体育场地、设施、器械和装备以及锻炼与运动的环境等。

体育物质文化处于最外层，精神文化是内核，而制度文化处于物质文化和精神文化两者之间。也可以认为，精神文化是内在文化，制度文化和物质文化是外在文化。

从体育文化总体性分析，精神文化中的体育思想、价值观等占主导地位；

制度文化是精神文化在人们体育行为和体育生活中的体现；物质文化则是精神文化通过人们的体育实践在物质产品上的体现。

二、体育文化的功能

（一）教育和培养功能

体育文化构成了人们生活的文化环境，不断地影响着人的自我发展，发挥着教育和培养人的作用。体育教育直接、有效地培育人的体质，体育文化潜移默化地影响着人的性格。从最初的坐、爬、站立，到后来的走、跑、跳、投、攀登、爬越，从人体肢体活动的技能、技巧，到参加游戏和观看、参与体育竞赛，从遵守活动和比赛规则，到养成良好的生活习惯和健康的生活方式等，无不与体育文化的教育和培养功能息息相关。

（二）聚合和凝结功能

百余年来，和平、友谊、进步的共同理想把不同国家和民族的人聚合在奥运会的五环旗下。体育文化对人的聚合和凝结作用是其他文化难以比拟的。体育文化的聚合和凝结功能具有多层次性，产生于体育文化精神层面的凝结是最深、最强的，也是比较稳定的。相同的体育文化习惯，相同的体育运动项目的选择，会引起不同程度和范围的聚合，如喜欢踢足球的人可能因为爱好聚合在一起，一群儿童因一个游戏聚合在一起，不过这种聚合是表层的、不稳定的。

（三）调节和引导功能

体育文化已成为现代社会主流文化的具体文化，对道德和法律范围之外人们的社会生活和行为起着十分重要的调节、控制和引导作用。它能使具有不同价值观、道德观的人，甚至是具有不同意识形态的人，会聚到共同的体育理想和共同的体育价值观下，实现社会矛盾的缓和与协调。

（四）传承和传播功能

交流和传播是文化发展的一种重要形式，文化传播包括传承性和扩布性两条路线。

传承性是指文化在时间上传衍的连续性，即文化的纵向延续性。早期人类主要通过身体的动作来记录和传承社会文明及种族之间的生存、生活技能。这种文明的传承方式蕴含了大量的原始体育文化因素。

扩布性是指文化在空间上伸展的蔓延性，即文化的横向传播性。体育文化的横向传播既包括各社会群体和群体之间、群体和个体之间、个体和个体之间的互相传递，又包括国家和国家之间、民族和民族之间、地区和地区之间以及国家、民族、地区三者之间的互相传递。

（五）吸收和融合功能

通过体育去吸收、融合各民族的先进文化是极为有效的。我国积极学习西方先进的体育文化，西方国家也不断研究、借鉴东方体育文化的精粹部分，这些都旨在通过体育文化去吸收、融合他国文化的特质，以繁荣和发展各自的文化。

（六）创造和更新功能

现代体育的发展是以科学研究为主要形式的，这本身就是一种文化创造活动，如体育运动中所提出的“更快、更高、更强、更团结”“参与比取胜更重要”“人生能有几回搏”及公平竞争等观念，逐渐进入人们的精神生活，不断冲击着传统的“中庸之道”等处世哲学，使人们向着锐意进取的观念迈进。

三、体育文化的特征

所谓体育文化，是一切体育现象和体育生活展现出来的一种特殊的文化现象，即人们在体育生活和体育实践过程中，为谋求身心健康发展，通过竞技性、娱乐性、教育性等手段，以身体形态变化和动作技能所表现出来的具有运动属性的文化。体育文化总是与人的体育生活紧密联系在一起，反映本民族的、传统的体育特征，这些传统的体育文化规范着本民族的体育行为，也影响着人们不同的体育价值观念。体育文化总是和一个地区或民族的社会物质文明以及自身的产生和发展具有互动发展的关系。例如，我国南方人灵巧，善于技巧性的运动，而北方人体力充沛，善于摔跤、马术；南方人身体单薄，需要比北方人更多的相互协作，因此在体育运动中倾向于集体项目，北方人因个高力大及其性格上的特征，所以在体育运动中倾向于个性化项目。

体育文化是一门自然科学和社会科学相结合的综合性科学。从文化学角度看，体育文化是人类整体文化系统中的一个分支，有其独特的个性，它的产生和发展有着自身的变化规律，因此它具有独立性的一面。现代体育教育和世界教育的发展潮流是一致的。一百多年来，体育教育不但极大地丰富了体育文化，提高了体育在社会中的地位和价值，而且在促进人的全面发展、协调发展、完善发展中起到了重要作用。从中可以看出体育文化反映了以下特征。

（一）符号性

无论是物质形态文化、精神形态文化，还是社会关系形态文化，其核心都是一种（广义的）符号运用。这是人类所特有的，是通过在后天环境中学习，不断积累经验，从低级到高级创造出来的。动物没有符号，只对信号做出条件反射；而人把信号改造成有意义的符号。可以说，人生活在文化氛围中，也就是生活在符号之中。

（二）社会群体性

任何文化都不能脱离社会而存在，并且文化为一定社会群体所共有。个体后天习得和创造的思想、观念等，只有在被他人所接受后，才能被称为文化。文化的社会群体性是有不同层次和范围的，有的文化因素属于全人类，有的仅属于某个民族或地区。属于全人类的文化因素具有人类性或世界性（也称全球性）的特征，属于某个民族或地区的文化因素具有民族性和民俗性的特征。

（三）复合性

从文化的广义含义来理解，它除了以教育、科学、艺术等为重要组成部分之外，还包括体现在人们物质生活和社会关系中的饮食文化、服饰文化、居住文化、婚俗文化、信仰文化、游艺文化、体育文化等。因此，文化往往与众多领域复合，是复杂的整合体。

（四）时代性

任何文化的发展都具有一定的时代特征。如古代奥运会进行的项目主要是田径、摔跤等个人项目，那是古希腊的民主政治提倡个性解放时代的必然产物；而到了 20 世纪的现代奥运会，则增加了各种球类比赛等集体项目，深刻地反映出工业大生产条件下的一种新型人际关系。当今休闲体育运动兴起，反映了后工业化社会带来的物质文明和生活方式的变革。

四、体育教育与体育文化的相互关系

体育教育与体育文化之间存在十分密切的关系，二者之间相互影响、相互促进、共同发展。体育教育在体育文化传承的过程中扮演着十分重要的角色，体育文化在体育教育中也存在很大的影响力，因此准确掌握二者之间的关系对双方发展具有十分重要的意义。

（一）体育文化包含体育教育

1. 体育教育是体育文化的重要组成部分

体育文化的概念十分广泛，包含很多方面的内容。为了更好地了解它，我们对其进行了详细的系统梳理和分析，把体育文化主要分为以下四种不同存在形式的内容：一是从体育文化诞生到传承至今创造和保留下来的体育价值；二是各种各样、丰富多彩的体育活动和技能；三是人们进行体育实践和体育活动所参考的理论知识和经验；四是各类体育活动的设施和场地以及体育行政服务部门。一般来说，体育文化包括传统体育、体育实践、体育教育和体育部门四个部分。体育教育是体育文化的重要组成部分。

2. 体育教育的发展受到传统体育文化影响

体育文化的发展经历了很长的时间，受到了很多方面的影响，体育文化是伴随着体育教育的开始而产生的，因此传统体育文化会带有民族体育特有的民族观念、民族精神和思维习惯。一般来说，传统体育文化的基本内容大致可以分为传统体育价值观、逻辑思维、体育技能理论知识和体育精神等几部分内容，在体育教育发展过程中，这些内容都会对其教育思想、教学方法和教学内容产生一定的影响和制约作用。

3. 体育教育发展受到体育文化融合发展趋势影响

随着经济的高速发展和信息时代的到来，人们有更多的机会接触到不同民族和不同国家的文化，不同文化、风俗习惯之间的碰撞也越来越多。人们通过学习和交流，观念和价值观也随之发生改变，在发扬自己文化的优点的同时，也能虚心学习其他文化的优点，这样各种体育文化能更好地相互融合，得到更好的发展。在当今世界社会经济高速发展的背景下，各国的体育文化都在朝着现代化的目标发展，世界范围内各类体育文化之间的碰撞也越来越频繁和激烈，不同的体育文化之间的学习交流机会越来越多，这也对体育教育的发展产生了一系列复杂而深远的影响。

（二）体育教育在体育文化传承和发展过程中发挥着重要作用

1. 体育教育是传承体育文化的重要载体

人们会主动开展各种娱乐和锻炼的体育活动，同时体育文化也会在人们无意识的状态下继承和发展。随着现代体育教育体系的形成，学校体育教育成为体育文化传承的重要载体，并且各种各样的体育运动理论、技能、经验在教育教学的过程中得到了进一步的完善和创新，在传承体育文化的同时，也对体育文化的内涵进行了非常有用的延伸。人们在接受体育教育的同时，也接受了高度概括的体育文化的核心价值，这也保证了体育文化的传承体系没有被破坏，也保证了传统体育文化的传承和延续。

随着体育文化和体育事业的不断发展，传统的体育项目被逐步发展和完善，传统运动中使用的器材，也使用了更为先进的材料和技术。在体育文化发展和变化的过程中，体育教育发挥着至关重要的作用，体育教育也是体育文化得以传承和发展的根本原因之一。

2. 体育教育促进了本土体育文化与外来体育文化间的融合

体育文化在传承和发展过程中，会受到很多方面因素的影响，如地域、民族等，因此形成了不同地域独特的文化特征和属性。社会经济的快速发展不仅加速了不同地区间的文化和经济交流，也加速了不同地区和国家之间体育文化的相互影响和渗透。

在这个传承和发展的过程中，体育教育起到了保留本土体育文化、加速本土文化与外来文化相互融合的重要作用，具体体现在以下几个方面。

第一，为了保证体育教学的科学性和实用性，在体育教育相关活动正式开始之前，必须对传授的内容进行审查。在内容整理和审查的过程中，首先要保证保留体育文化中最重要的内容，适当筛选其他外来文化的精华，保留能够与当地体育文化核心价值相融合的内容。

第二，体育教育是一个系统、复杂的过程，除了传授体育知识技能和有效传播体育文化以外，还包含教学反馈信息的收集和整理工作。教师可以根据收集和整理的体育教学反馈信息，有针对性地对体育教学内容进行选择性的调整，从而不断提高体育教学和体育文化传播的正确性和客观性，确保健康体育文化得到良好的传承。

第三，尽管体育教育是体育文化一个比较重要的传承载体，但是在其传承体育文化的同时，也并不是完全照抄和沿用所有的内容，而是根据当时的教学环境和体育发展的要求，将我国体育文化的特点和外国体育文化的优点进行有效融合，不断地进行改进和创新。通过这种文化的良好传承和创新，不断地丰富体育文化的内涵，从而形成具有新的内涵的、满足各方面需求的体育文化。

第二节 高校体育教学与体育文化的融合发展

一、体育教学与体育文化融合发展的途径

（一）营造高校体育教学的良好氛围

校园体育文化是体育教学取得长足发展的养分来源。校园体育文化的丰富性和乐趣性有助于体育活动成为学生们欢迎的文化活动，同时还能够促进学生潜能的发挥、能力的发展以及文化素养的提升，并且还承载着学生从“自然人”向“社会人”转变的重要任务。高校的体育文化生活为学生精神世界的构造和丰富提供了广阔的舞台。拥有浓厚体育文化的校园，是充满活力的校园，是具有优良文化底蕴的校园。公平、团结、自强、自信、健康向上的体育精神在体育文化中得以滋养和传播，它能够以其特有的魅力对学生的课堂生活和课余生活起到潜移默化的作用。体育文化是校园文化中参与人数最多、辐射范围最广、持续时间最长、对人的影响极其深远的文化活动。无论是高校师生还是教学本身，都能受到体育文化环境的影响，通过从文化环境中吸取养分，潜移默化地受到熏陶，可以实现不断地追求卓越。

校园体育文化以无声无息、无踪无影的方式影响师生的心理，进而影响体育教学的方式和效果。它是潜移默化、耳濡目染的，是具有暗示性和渗透性的。一方面，它以教师教、学生学的课堂教育形式，为学生们学习体育知识、技术和技能提供了良好的浓厚的外部氛围。通过切实可感的体育运动、严密有效的体育规则、规范的体育动作以及结合生命科学产生的体育指导，使参与者感受到体育运动给身体带来的无限变化，从而从内心深处接受校园体育文化的引导和熏陶，并逐渐内化为自身的潜意识的言行。另一方面，校园内的体育文化通过课余的体育活动对改善学生的知识结构、促进身心健康发展起着不可估量的作用。体育文化由于自身的特点往往能够营造一种亲密无间、彼此信任的心理气氛，达到一种以集体荣誉为共同目标的价值取向，形成共同的道德标准和团队的统一信念。在体育文化的氛围和为共同目标努力奋斗的激励效应下，教师和学生会自觉地产生集体荣誉感，并形成强烈的责任感和使命感，任何人都会为了达成目标贡献一己之力，并且在体育教学

过程中由于集体的力量、公正平等的精神，产生激励和进取向上的教育力量。让师生们在达成体育教学的目标的同时，感受和发扬人文精神，在追求真知的道路上勇敢探索。

（二）培养高校体育教学中学生的主体意识

当今时代要求高校培养出全方位发展的、富有自主精神的具有创造力的人才，高等教育要在培养学生的自主意识方面做出更大的努力。主体主要是指对象性活动的承担者和发起人，而客体是对象性活动的受动者和接受人。学生的主体意识是指在教育活动中，学生应该在教师的引导下完成任务和发挥作用，具体表现为自主性、能动性和创造性。学生的主体意识的发挥是教育的核心，是素质教育的基本要求。高校大学生在教学活动中的自主性：其一，表现为应该具有独立的、不轻易受他人影响的、坚定的自我意识，并且通过教师的启发和引导，能够自主探索提升自身能力的途径；其二，学生在接受教育的过程中，应该充分认识到自身的能力，对学习活动进行自我调节和控制，充分发挥自身潜力和主观能动性。

然而，学校体育教育的中心目的仍然是增强学生体质，促进学生身心健康发展。只靠体育教育的时间来达到这个目标是不可能实现的。因此，我们必须依靠校园体育文化的传播和熏陶来提高他们的认知水平，增强体育锻炼基本体育技术技能训练的意识以及进行自主和独立学习的能力，最终让学生养成终身体育意识的良好习惯。

体育文化建设的过程本身包含着许多激发学生的体育兴趣，培养学生参与体育锻炼的自觉性的活动。体育文化建设常常采用竞赛的方式，鼓励学生们主动参与。体育竞赛作为体育教学中常用的教学方式，是强化和提高学生主体性的体育意识最具活力、参与范围极广且广受学生们欢迎的方式，它能快速有效地激发学生群体的上进心、竞争意识和集体荣誉感，让学生发挥自我能动性进而赢得比赛，还能培养学生的集体主义思想观念，在为集体争取荣誉时收获个人荣誉。如在冬季体育教学中，可组织不同范围的拔河比赛，小范围的组与组之间、大范围的班与班之间，能够吸引大多数学生的积极参与，并且随着现代体育运动的多样化，在组织这类活动时，还有学生负责啦啦操评比，使其他学生在参与和观看比赛的过程中，感觉到趣味性和参与感，并且大家一起出谋划策，为赢得比赛贡献力量。再者，体育文化建设鼓励多样化、丰富化的体育教学活动，这也能极大地促进学生主体性的发挥。如在体育课程的设置中，有满足男生喜好的竞赛性强的项目，如足球、篮球；而体育课程设置如体育舞蹈、体操或是羽毛球等课程，是为了满足女生的喜好，充分尊重了学生的主体意识。此外，体育文化建设鼓励体育教学以多种方式、新颖的手段开展，从而挖掘学生的运动潜力。体育文化建设促使教学中采取各种措施以满足学生独特的、根据自身特质产生的合理要求，增强其体育学习的兴趣，充分发挥他们的主体地位。

（三）充实高校体育教学的内容和形式

高校的体育文化建设需要丰富多彩、类型多样的体育活动作为支撑，如运动会、体育节、社团建设等，改善其他教学模式和传统的体育教学模式中单一、枯燥的特点。这些新颖多样的校园体育文化活动，调节了紧张的学习压力，丰富了学生的校园生活，为学生的校园生活充当了增色剂的作用。在全面建设体育文化背景下的体育教学任务的开展要求各高校以体育专业内涵发展为主线，结合社会对人才培养的需求，搭建综合性的知识结构合理化的课程体系。新时代的体育教学课程提出了许多的高要求，如通过创新教学方法、鼓励教师从事相关教学研究工作，使学生的探索意识、创新意识和能力在多元化的教学方式中得以激发和挖掘。另外，教学的组织模式也可以综合创新，如小群体教学法、互动式教学法及合作教学模式等的发展及结合。在理论性的体育教学活动中采用统一的上课方式加上多媒体教学，给学生以生动、直观的印象。在体育技能课中穿插理论教学，在实际过程中切实运用到理论知识。体育文化的有效建设要求体育教育的内容和形式具有良好的口碑和传播效应，要满足广泛传播性。体育教育将教学地点从校内延伸到校外，将人才培养与学科专业特色发展相结合，将统一的要求与个性发展相结合，能够探索出宽口径的创新型人才培养模式，实现人才培养的个性强化，同时又能够有效适应社会。高校体育教学的形式越多，必然越会引起学生的兴趣，提高学生的参与程度，激发学生的创造力。现代社会文化事业繁荣发展，不少学生会在课外选择到健身房、舞蹈室或是其他类型的体育运动工作室参加体育锻炼。因为课外的体育活动往往更具趣味性和多样性。这说明在体育文化繁荣发展的今天，高校的体育教学形式也应该更加贴近学生的实际需求，更加反映学生们的多样化的需求，才能不被课外的具有商业性质的体育活动所取代。因此，在建设体育文化口号的大力倡导下，学校为了提高参与的广泛性、增强体育教学的效果，不仅出于文化建设的主体性地位，更出于被动面临竞争的紧迫性，应该努力建设更多的诸如体育俱乐部、体育社团、体育文化节等类似的具有活力的体育文化形式。

（四）促进高校体育教学文化理念的更新

先进的文化理念是推动经济发展和社会进步的重要因素之一。正如党的第十九大报告中指出的，没有高度的文化自信和文化繁荣，中华民族就没有伟大复兴。体育文化建设的繁荣昌盛需要体育教学体现时代气息和旺盛的生命力。在大力发展体育文化的宗旨下，体育教学内容只有将理论与技术相结合，基础理论和运动技术齐头并进，才能使运动技术的提升有科学的指导，而基础理论的发展有应用之处，强调学生综合能力的培养，凸显学生人文知识素养和创新意识的重要性。新时代下的体育教学观应该以人文知识教育为主要内容，增加体育技术的历史发展沿革、人文精神内涵的相关知识；促使学生正确运用各种运动的基础理论知识进行创新，创造性地使用锻炼身体、增强体质的手段与方法。

二、高校体育文化现代化的发展策略探讨

（一）高校体育教学中体育物质文化建设改进路径

学校的物质文化建设是整个校园体育文化建设的基础。随着学校办学规模的扩大以及新时代下学校体育教学的多元化需求，校园体育的功能和作用也开始多元化发展，这必然要求学校的体育馆、体育设施、体育器材适应体育文化的多功能需求。但是这些现代设施功能的开发和利用层次的不断提高，给管理、使用、维护和开发带来了新的问题，因此，加强体育设施的管理、利用和维护，使其能更大程度地发挥这些硬件设施的功效是高校体育教学物质文化建设的必由之路。

1. 加强体育设施在体育教学过程中教育导向和文化传播功能

在体育教学过程中，在使用物质设施之前，体育教师应该对所运用到的设施、器材进行系统化讲解，帮助学生树立系统化的体育思维，而非仅仅专注于运动训练。通过强化对物质设施的关注和学习，学生可以感受到学校、教学以及教师对于体育事业的热爱和认真的态度，能够将精神性的、心理上的体育意识和感悟物化到体育设施上。对具象化的体育设施的学习和关注，

有助于进一步加深对体育文化的感悟，更好地通过物质设施传播体育文化和体育精神。在体育场馆旁边设立一些国际知名的体育雕塑，添加名人简介以及所获荣誉，给学生创造一个浓厚的、高尚的体育氛围。

2. 强化设计体育人文景观，提升体育物质文化品位

随着高校招生人数的增加，对教学所用的基础设施建设力度加大，教学环境得到了很大的改善，但是在物质文化环境的构建中，除了所用设备、器材以及教学环境，还应该包括整体构建的人文景观。在校园内适当挖掘或增添一些体现学校体育文化特色的人文景观，能够代表一个学校独特的精神风貌和希望传递的价值观，形成具有学校特色的文化氛围，也能大大丰富高校的体育物质文化，达到对学生潜移默化的效果。每所高校的办学历史、办学理念、办学区域、办学方式不尽相同，传统的校园文化和时尚体育文化的影响程度也不同，具有特色的体育文化最直观的体现就是学校的体育场馆构建、布局以及体育雕塑等综合起来的体育人文景观的建设。

3. 创新体育教学中对空间和设备的利用

作为具有强烈象征意义的校园内的体育建筑、雕塑或体育场馆，其本身的构建和展示形态就是一种文化现象，通过具象的形态成为体育意识和体育文化的实际载体，这些文化现象代表着人们想表达的思想和凝聚的智慧，体现着人们的价值观。这些文化要素对人们起着潜移默化的陶冶作用。因此，在体育教学过程中，应该充分利用学校的空间，合理布局体育场地，因地制宜地开展体育文化活动，建设场馆、增添设备。进行体育教学的体育场馆应该经过科学细致的安排和布置，整洁明亮。除了传统意义的体育场馆，还应该促进对体育展览室、体育宣传橱窗以及校园体育网等新兴空间的利用。

体育教师还应该带领学生创造性地对现有体育设施进行多功能的开发。新时代文化建设的目标是激发全民族的文化创新和创造活力，只有创新才是推动新时代文化繁荣兴盛的主线。如体育设施的设计通常只服务于一到两种主要功能，但是许多体育运动和技能训练的设计都是紧密联系的，应该通过转换视角和发挥联想，挖掘体育设施的多种功能。体育教师在教学过程中通过创新教法，既可以达到合理开发和利用场地空间以及设施的效果，还能够激发学生的学习情趣，调动学生的学习积极性，满足不同层次学生的需求。创造性地使用体育教学设备在新时代下的集中体现是结合以计算机为核心

的信息技术，使教学方法变得易于操作和展示，更加生动、科学和全面地展示教学内容，让学生们更易于接受。

例如，在体育教学中，许多动作具有连贯性，这给教师进行讲解和示范带来了难度，通过利用信息技术，可以把这些复杂的动作通过慢放、重放等方式讲解，缓解教师重复多次示范，但学生仍不得要领的尴尬。同时，许多技术动作的完成需要对各自身体的肌肉群进行了解和感悟，慢慢带动练习。通过运用多媒体技术，教师能够一边播放肌肉解剖图，一边对学生的动作进行实际指导。

此外，在全球化的推动下，通过网络互动教学，教师可以更准确地了解国内外的体育教学的动态和情况，把各种体育声像及图文资料及时展现在学生面前。

例如，许多中国大学与美国大学拥有合作关系，由于美国大学校园体育文化风行，拥有非常丰富的体育活动，其中有一些方式和资料可通过网络进行学习和借鉴。体育学科自身的发展决定了如今许多的更新内容需要数字化的动态演示教学，这是传统的教学模式无法完成的，这是网络教育在体育教育中的有力补充。再者，体育教师应该紧跟社会新现象，并充分利用社会资源补充体育教学所需的设备，如共享单车的出现即可被体育教师运用到课堂中，进行身体素质等训练。

（二）高校体育教学中体育精神文化建设改进路径

1. 强化学生在体育教学和体育精神文化建设中的主体地位

目前我国高校中体育教学仍然以体育教师为主，学生扮演着参与者和学习者的角色。但是，体育精神文化建设的主体是高校学生。因此，体育教学主体和体育精神文化建设的主体实际上是分离的。只有将体育教学和精神文化建设的主体统一起来，才能够更加有效地促进两者的结合。

在体育教学过程中，可以通过各种各样的形式促进学生成为活动的主体。比如在现代社区中开展多彩的体育活动。学校可通过加强与社区的联系，举办以学生为主体的、服务社区的体育活动。如将体育教学的课堂搬到社区，由学生充当社区里的体育教师，对社区里的体育运动和比赛进行专业的指导和培训，让具有“一技之长”的学生在社区体育活动中充当教师的角色，这对学生的组织指导能力、更好地理解体育知识、提升自身的体育技术无疑是难得的机会。此外，教师可创造性地设计体育课程内容来发挥和强化学生们在体育教学过程中的主体地位。例如，以游戏的形式让学生们在一周之内准备好下一节课的内容，下一节课的课堂内容为分组开设健身房，让学生们充当健身教练，以获得最多学员的健身房获胜。在此过程中，学生们会在非体育课堂时间，每人选择一个项目，进行设计和多次排练，以在课堂有限的时间内表演或完成不同体育项目的技术动作。教师通过对课堂内容进行创新设计，不仅能发挥学生的主体作用，还能让学生们在体育课程之外进行体育活动，让校园充满浓厚的体育氛围。

2. 强化体育教学中对特色体育文化的建设

由于我国地域宽广，不同地区之间的人们往往具有不同的传统体育习俗和方式，不同地域的人们会形成不同的体育观念和兴趣爱好。因此，在体育教学过程中，教师除了遵循国家规定的要求，还应该根据不同区域的学生的身体特质以及习惯、兴趣爱好和体育物质文化进行特色化的精神文化建设。比如，最为普遍的是可以将地域分为发达地区的高等学校和偏远地区的高等院校，两者在物质条件上存在差异，但是却各有优势。比如偏远地区的高校，虽然学校的物质文化没有城市地区那么先进和国际化，但是可以充分利用当地独特的自然条件，围绕当地特有的山川、河流、森林等地形，举行各种户外的体育运动，比如登山、划龙舟比赛等。而在发达地区的高校，由于拥有雄厚的经济实力和大量的体育信息，因此体育教学应该更加体现时代性和科学性，可以依靠学校拥有的体育设施组织新颖的、整合性的体育文化活动，举行各类体育知识讲座。

此外，不同的学校应该根据不同的文化传统进行体育教学活动。学生的兴趣爱好和习惯多与该学校的较为优势的项目或是体育文化背景有关，体育教学应该加强这些方面的培养。因为这些优势项目往往会吸引更多的学生，且加大对优势项目的投入能够将这些项目打造成学校的象征。这样不仅有利于培养学生的自豪感，还能够吸引更多的外部支持，比如政府的投资等。围绕体育文化背景进行体育教学活动的强化，突出传统体育文化的建设，弘扬地区的体育文化传统，增强学生参与到体育教学过程的积极性和投入度。

3. 延伸体育教学为体育精神文化建设提供的平台

目前体育竞赛、体育知识讲座、体育文化节等活动已成为高校除了课堂授课以为的体育教学的重要形式。我国许多高校已实现了体育教学形式的丰富化和手段的多样化。尽管高校体育教学在体育精神文化方面取得了长足的发展和进步，但是，高校体育教学活动仍需紧跟时代的脚步，不断地发展和创新。除了传统的授课方式，定期举办体育知识讲座和体育竞赛成为体育教学采用的重要形式。这种形式所涉及的内容广泛，包括体育和健康、科学与体育、运动与损伤等。并且，许多高校定期聘请校外知名体育专家或有建树的运动员到学校给学生授课和讲座，提高学生对体育的兴趣，并提高学生的反应能力和竞争意识。除此之外，学校应该具有能动性地发挥主导作用，联合社会、家庭为体育精神文化建设提供更加广阔的服务平台。例如，在高校的体育教学过程中，可以创造性地借鉴其他体育比赛的形式，如举行亲子运动会和体育竞赛，邀请学生们的家长来参与学生运动会。通过学生亲子运动会，拉近学生与父母的距离，学生的父母不仅能够亲自感受来自校园的体育文化建设，而且能够充当校园体育文化建设的有效传播者，还能够提升学校的声誉和口碑。这种学校与家庭联合起来的体育教学形式成为一个窗口，促进了高校体育精神文化的发展和弘扬。

（三）高校体育教学中体育制度文化建设改进路径

1. 加强体育教师与学生的互动机制建设

在体育文化的建设过程中，作为体育教学最前沿的施行者，高校教师自身对体育教学在体育文化建设中的重要作用的认识是发挥教师能动性的前提条件。只有当高校教师充分认识到体育文化弘扬的重要性，以及体育教学在体育文化建设中的地位，他们才能身体力行，将体育文化意识投射到体育教学的过程中，在体育课程内容和结构的设置、体育课堂与学生的互动教学以及体育课程结果评估中充分融入体育文化所需传递的精神。

正是由于体育教师在体育教学过程中主导着体育文化建设，因此学校体育教师队伍的建设对体育教学以及体育文化的建设起着决定性的作用。体育教师与其他教师一样，肩负着传播知识、培养人才和发展科学的重大任务，他们对学生的兴趣、爱好和价值观都会产生最为直接的影响。高校对体育教师的要求非常高，体育教师不仅需要安排课程、组织体育活动、配合学校的管理，还需要进行科学研究和提高整个领域的发展水平。因此，学校多注重对教学过程中教师能力的培养，如运动能力、教学能力、组织能力和科研能力。这些能力可以通过自学、开展教研活动和科学研究活动获得。

但是，高校体育教师除了在能力方面影响学生的体育技能水平，还会在体育意识、体育修养方面影响学生对体育活动的态度和价值观。体育教师除了在体育教学课堂上完成本职工作，还需要加强与学生的课外互动，将体育教学过程中的东西切实运用到生活中，帮助学生培养良好的体育习惯，形成尊重体育事业、投入体育锻炼的良好的体育价值观。

综上所述，强化体育教师与学生的互动机制建设应该从体育课程设置、体育课堂互动、课外体育竞赛、体育文化生活等方面进行。在进行体育课程的课程目标编制以及课程实施大纲前，体育教师可在课程前期进行调研，征求学生们对于体育项目的偏好以及体育课程形式的建议，让体育课程融合学生们的新发展和新思想。在体育课程互动过程中，体育教师应该融入更多时代元素，对课程的新奇感能够让学生们更加专注于课堂内容。比如，在做体育游戏时，运用手机二维码等工具，或是现有的已开发的可利用的 APP，类似这种新颖但较为日常的元素的运用，能够让学生们在体育课堂之外将体育游戏运用到生活中。作为体育文化制度建设的一部分，在对体育教师进行评价时，应将是否创新性地、全方位地加强与学生的互动机制体现出来。

2. 提升体育领导者在体育教学中的管理能力

促进体育教学过程中体育文化的建设和弘扬不仅需要具有雄厚实力的师资队伍和活泼的学生，一支运筹帷幄的管理领导队伍也是非常关键的。因为学校的体育教师大部分各司其职，而如何在体育教学的过程中促进体育文化建设的决策权和推动力在领导队伍中，教师和学生所能发挥的主观能动性远远没有管理者的政策导向有效。

确切地说，体育教学过程中的体育文化建设需要提高体育领导者的管理和领导能力，使其对学校的体育文化发展具有预测能力，从宏观层面把握体育教学事业的发展动向，提前为学校的体育教学事业进行长期和短期的规划，并结合国内外先进的教学经验，在学校推而广之。对于促进体育文化建设事业发展的优秀教师以及表现突出的学生给予奖励。体育领导者应在体育教学的问题出现之前做到未雨绸缪，在整个校园体育文化建设过程中充当一个导航者的角色。

3. 优化体育教学的组织和管理制度

在接受高等教育阶段，许多学生仍不完全具备足够的自律能力。通过制定健全科学的规章制度和条例，建立起强有力的约束机制，以此强化学生的体育意识和行为，促进锻炼风气的形成，是高校体育文化建设的另一重要方向。

优化体育教学的管理制度需要落到实处。比如，加强对学校体育组织机构的建设，如体育教学部、体育俱乐部的职责和权力的明确，只有将职能和责任对等起来，才能督促各机构切实履行优化组织教学的任务。同时，学校应该给予各组织机构相应的竞争和激励措施。在各体育组织机构之间搭建竞争平台，对为优化体育教学活动、促进体育文化建设贡献力量的机构进行奖励。组织管理行为只能在行为的发生过程中起到监督的作用，而真正驱动教师和学生自发遵循和完善体育制度的是激励。

此外，在未来的发展中应该充分关注体育文化建设的各部分在体育教学过程中的相互作用和相辅相成的联系。无论是客观的体育物质文化还是主观的体育精神文化和体育制度文化，只要是有利于提升整体体育文化水平的措施和路径都应该受到重视。各高等院校由于拥有不同的办学条件、历史文化传统，面临的文化受众也存在差异性，因此，在进行体育文化建设时应该因地制宜、因材施教。

第八章 新时期高校体育教学模式的多样化构建

第一节 高校体育自主学习模式的构建

一、高校体育自主学习模式的构建策略

（一）强化学生自主学习的理念

在多数学生的观念中，体育课就是打球、跑步，然后获得相应学分，对体育课本质缺乏理解和认识，体会不到体育锻炼增强身体素质的意义。

1. 改变学生的传统观念

使学生认识到体育课对自身身体素质提升的重要性，让学生了解到自主学习体育课程能提升自身的交际能力，同时能够有效提高自身解决问题的能力，更好地适应未来社会的发展需要。这样能够增强学生自主学习的意识，使其树立自主学习的观念，积极主动地、发自内心地参与到体育锻炼和体育知识的学习当中，从而有效地提升学生自主学习的能力。

2. 促使学生正确认识自我

高校学生体育课程的选择和体育锻炼计划的制订都要以学生自己的身体条件为依据。所以，学生要对自身的状况有全面的了解和正确的定位。只有这样，才能够制定出适合自己的学习目标，进而制订出相应的学习和锻炼计划。

3. 增强学生自我监控与调节能力

在培养学生自主学习能力的过程中，教师要注意培养学生自我监控和调节的能力，让学生通过自我测试和反省等方式对自己制定的学习目标和锻炼计划进行控制和调节，及时改变学习策略和方法，对自己获得的能力、技能和知识进行及时评价，树立自信、扬长避短，不断激发学生学习的创造性

和积极性，为自主学习能力的提升创造空间。

（二）打造“自主选择”的体育学习模式

在高校体育学生自主学习过程中，教师应充分尊重学生，根据学生的不同体育项目选择情况，适时打造“自主选择”式学习模式，这主要包括自主选择学习的时间、内容和方法等方面，使体育真正走向学生自主，努力提高体育学习质量。

1.“自主选择”体育学习时间

在大学阶段，学校的教学管理形式是学分制，这种制度给予学生在课程选择上较大的自由，学生可以根据自己的具体情况来安排体育课的上课时间，不管是专项体育课，还是普修体育课。除了学分制之外，学校还应该有针对性地创造条件，让学生自由选择上课时间，这样能够有效地激发学生上体育课的积极性，在保证与原有学分制同步管理的同时，有效地提升学生的自主学习能力。

2.“自主选择”体育学习内容

学校应该不断地丰富体育课可选择的教学内容，给学生更多的、依据自己的兴趣爱好自由选择的机会，但是高校需注意调控学生的学习活动，加强教学管理。

在高校体育自主教学过程中，应注意以下教学侧重点：第一，充分利用高校丰富的体育资源，给学生更大的自主选择空间。在普修体育课上，要尽量根据学生的兴趣爱好来安排教材的内容供学生选择。在专项体育课上，在完成统一教学内容之后，尽可能留出适当的时间给不同基础的学生进行自主的学习和锻炼。第二，学生自主选择教学内容之后，教师要加强对教学的监督和管理，对学习要有严格的标准，并安排相应的人员组织学生之间相互交流和学习。在这一过程中，教师要适时给予指导，保证学生学习的质量。

3.“自主选择”体育学习方法

每个人的身体素质都存在着非常大的差异，所以教师要因材施教，根据学生对教学内容理解和接受能力的不同，引导学生自主选择适合自己的练习方法。此外，在讲授不严格要求技术规范的教学内容时，不要限制学生的练习方法，允许学生用不同的方式完成同一内容的练习。例如，在进行篮球运球训练时，教师应该引导学生以个人独立、小组合作等不同模式学习运球，并且结合运球竞赛、游戏等方式，激发学生自主学习的积极性。

二、建立并完善科学合理的自主教学教育模式

建立一个科学合理的自主教育模式是发展高校体育自主学习的基础，为此，我们应该彻底改变传统高校体育教育的教师本位思想，将学生完完全全作为教学的核心，所有的教学都围绕学生展开。建立这样的模式，我们应该考虑到以下一些因素。

（一）组织引导系统

组织引导系统是高校体育自主教学模式的首要环节，也是这一系统的基础和流程导向，具有重要的基础性作用。组织引导系统的主要作用在于宣传自主教学模式的理念和基本模式，并通过宣传让学生逐步认识、感知并接受这一新兴教学模式。此外，组织引导系统的另一重要作用在于激发学生对自主教学模式的参与热情，通过丰富多样的形式将学生引入相关体育教学中，并让学生对学习产生深入理解和挖掘、自我探索的欲望。可以这样说，组织引导系统是激发学生参与自主学习的首要和关键性环节，这一环节将为高校体育自主教学模式提供强大的原动力。

组织引导系统的核心在于教师的组织和规划，首先，教师应该对教学目标进行宏观设置和整体把控，并进一步将目标细化为整体目标和阶段性目标，根据目标的设置规划相应的课程与教学手段。在组织引导阶段，课堂教学的内容与形式十分重要，需要快速抓住学生的注意力和兴趣，并给予其宽泛的想象空间，这对于后续自主学习系统的推进十分必要。

以课堂教学的引入为例，传统的体育教学往往缺乏课堂教学的引入环节，而在组织引导系统中，高校可以尝试通过以下热门话题来展开本堂教学，即设置相应的课堂教学引入机制，如精彩激烈的 NBA 比赛、奥运比赛、街舞、扣篮进球集锦等。这些内容紧扣教学内容，可以在很大程度上激发学生的兴趣和激情，对比传统的集合加解散模式，显然更有利于营造教学氛围，并能够鼓励学生积极参与其中，在课堂的一开始便抓住学生的注意力，从而为后续教学带来方便。

（二）学习系统

这是自主学习模式的核心组成部分，即建立并完善学生的学习模式。学习系统主要包括内容和方式两个层面，这也是学习系统需要明确的两个基

本要素。内容，即学生需要明确地选择出学习内容，这一内容可以是多样的，但应该充分结合学生的个人身体特质和兴趣爱好，经过教师的帮扶和建议，最终确定；而方式则是指学生自主学习的方法，学生可以自己进行，也可以分小组进行。分组进行是常用的一种学习系统方式，其学习效果也比较突出，高校可以在学习系统中参考这一模式。首先，教师根据学生的意愿和自身的教学计划综合划分小组，并对各个小组设立考评机制，主要根据小组学习情况和最终教学目标的实现程度进行评价。这样，小组之间便可以形成良性竞争的机制，而在小组内部，各个成员之间亦可以进行经验分享与学习上的互助，从而在内外两个层面提升学习系统的效率和教学效果。

除了内容与方式两个基本层面，学习系统还需要设置一定的后续配合内容，如在学生选择了学习内容之后，期末的体育检测便可增设考核学生自己选择的项目并保持一定的权重，这样会使得学生在选择的时候十分用心，能够充分结合自身的实际情况，而后期学习也会十分努力。同时可以在课堂上组织大家讨论采用什么样的方式来进行教学，讨论之后教师再综合考量大家的意见并进行实施。学生通过反复练习来不断反思和总结，再向同学和教师寻求帮助。

（三）过程控制系统

过程控制系统属于自主教学模式中的控制性和辅助性环节，也是自主教学模式区别于传统自学模式的重要因素。一般来说，过程控制模式分为两个部分，即帮助和监管，高校可以基于这两个模块构建过程控制系统。帮助模块主要为解决学生自主学习过程中遇到的各种问题。由于体育运动的内容深入社会生活的各个层面，在学生自主学习的过程中，不可避免地会遇到各种学习和体育运动实践方面的问题，如锻炼方式、运动技巧、各项体育运动的细节动作、比赛规则等，如果没有科学有效的帮助系统，那么学生的疑问将会越积越多，最终严重影响自主教学模式的推进。在帮助模块中，可以设置师生之间、学生之间和小组之间等多种形式的帮助模式，学生可以自我解决，也可以讨论解决，当然也可以寻求教师的帮助。通过帮助模块的设置，学生在自主学习过程中的疑问可以得到及时有效的解决。

除了帮助模块，监管模块也是过程控制模式的重要组成部分。自主学习模式在推进的过程中，教师必须对整个过程进行监管，保证教学的正常进行，同时保证教学目标的实现。换言之，教师必须通过一定的手段，及时有效地掌握学生的学习情况，当出现偏差或者教学环境发生变化时，教师应当及时调整教学计划和自主教学模式。监管模块的方式十分多样，例如，教师可以定期开展座谈会，开展学生小组内部讨论和小组之间的讨论，在讨论中分享学习经验，共同探讨学习问题。而通过这样的讨论，教师可以及时地把握学生的学习动向，以便于洞察当中存在的问题，进而进行纠正和调整。从这一层面来看，过程控制系统是自主教学模式按照既定模式发展的有效保证，如果这一系统缺乏，将很容易导致自主教学模式散乱无序，进而偏离教学目标。

三、分层教育法的构建

分层教育法是近年来兴起的一种全新教育模式，特别适合大学教育，其和高校体育自主教学模式的构建有着良好的切入度。从目前的教学实践效果来看，分层教育系统是实现和推动自主教育模式发展的强大工具和有效手段。分层教育法的主要特点在于对学生群体的重新划分，它充分结合了自主学习的特征与客观要求，更加重视学生的个体差异与个体特征，从根本上颠覆了传统体育教育的模式和教学目标，在灵活开放的大学教学环境中特别适用。

在目前的高校体育教育中，体育教育类别的划分往往比较粗略，仅仅是将专业与非专业类的学生进行分类，而大量的非体育专业学生将沿用一个教育模式。除了进行专项培训的学生之外，其余学生被统一划为非专业类进行体育教学，采用公共教育课程和体育兴趣选修相结合的模式进行教学。这一模式沿用多年，取得了一定的教学效果，但是面对新世纪素质教育的深入拓展和教学环境的变化，其逐渐暴露出越来越多的问题。首先，学生的个体意识不断增强，兴趣爱好各不相同，且体育基础和发展锻炼方向各有差异，不仅如此，在非体育专业学生群体中，也不乏对体育运动充满激情，渴望得到专业培训的学生，而传统的划分模式对这些问题的处理显然心有余而力不足。

四、建立科学人性化的检测模式

在传统教学中，教学检测是体育教学的末端环节，实际上，每一次教学检测都是对整个教学系统和教学效果的总结与评价。经过总结与分析，可以为后续教学的改进与进一步发展提供有效的支撑依据，因而科学人性化的教学检测模式对于教学模式的实施与发展同样具有重要意义，对于自主学习模式而言，亦是如此。在体育教学的检测模式方面，大体上采用的是“评分制”和“及格线”的模式，即根据学生学习的内容设置相应的考试内容，如立定跳远、跳高、百米跑、一千米长跑等，根据学生的测试成绩打分，再判断是否及格。当然，在素质教育不断深化的今天，测试的手段和内容在不断丰富发展，考试的内容也趋于多样化，如有高校结合学生实际开设了乒乓球测试、网球测试等项目，同时引入许多先进的体能测试设备，在提升检测精度的同时提高检测活动的趣味性。可以说，这些措施是行之有效的，相比传统单一生硬的检测模式更加有效生动，但是必须注意到，在现代化的检测模式下，“评分制”和“及格线”的模式并未得到根本性的转变。在这一传统模式的影响下，体育教学效果检测受到较大不利影响。

首先，学生的身体机能和体育综合素养存在必然的差别，划分统一的“及格线”显然不够准确和科学。

其次，对于学生的测试结果，简单地以是否“及格”进行评价，显得太过粗略，对于学生后期学习的改进和教学方法的调整并没有明确的指导作用。

最后，这种检测评价模式很容易挫伤部分学生的自尊心，从而进一步削弱其参加体育运动的兴趣与热情，甚至对体育教学产生抵触情绪，这对于高校的体育教学十分不利。

因而，为了完善自主教学模式，高校在体育检测环节应该尝试更加人性化和更加科学的模式。只有这样，才能真正有效地检测自主学习效果，同时为后续学习教学工作的调整提供有效的支撑。

首先，“及格线”这一指标化的模式应该逐步被弱化，针对学生的个体特征和综合身体素养，除基本身体机能测试项目之外，应该更多地和学生学习的课程结合起来，如各类体育运动、参加体育比赛的成绩等等。对于测试结果，必须和学生的身高、体重等基本身体综合素质紧密结合起来，由此判断学生的身体机能是否正常，在哪些方面需要加强，后续学习的重点在哪些方面等。这样的测试方式显然更加人性化，充分考虑了学生个人身体素质的差异，同时也更加全面和科学。在测试过程中，借助于现代化的各种检测手段、仪器，可以进一步提升测试的趣味性，如阶梯测试仪（用以测试综合身体机能）、身高体重测试仪、肺活量测试仪、跳高测试仪等。在测试的过程中，可以尝试将体育检测与学生身体机能的检测结合起来，形成针对学生综合身体素质评判的完善数据，这对于高校体育素质教育的推进具有十分重要的意义。测试完成之后，“评分制”的模式同样也应该被逐步淡化，对于学生的测试结果，不再以简单的分数进行表示，而是出具一份详细的检测报告。在报告中，详细列举学生的各项检测数据，对比学生的身体要素，指出学生在哪些方面机能正常，值得保持，同时指出学生哪些机能需要加强，并给出改善和运动的建议，同时列举不良生活习惯，呼吁学生克服或改正。这样的检测模式实际上极大地扩充了目前体育教学的检测环节，人性化的检测模式在发挥科学检测效果的同时也可以大大拉近学生和体育运动的距离，让学生认识到体育运动和自身身体机能的紧密联系。检测报告给出的数据和分析结果无疑可以有效地激发学生进一步自主学习的热情，而报告中给出的建议，则可以成为学生进行后续自主学习的范本与引导性文件，具有很强的实践操作意义。对于自主教学系统的完善和形成良性循环具有不可替代的积极作用。

五、积极扩展课堂外延

为了发展自主教学，我们必须将体育教学的课堂从单纯的操场分离出来，将普通教室、多媒体教室、网络化教室等元素也引入体育教学。例如，跳高的教学，传统教学方式是教师简单示范和学生反复练习，而当中的细节动作和技巧，教师的讲解未必能让学生充分理解，同时有时教师的示范本身就不甚标准。而我们若扩展课堂的外延，在教师简单讲解之后便可在多媒体教室给学生播放跳远比赛的视频，这样的效果更直观，学生也更容易理解。而在教室中我们则可以组织学生讨论，这样可以激发学生的学习热情，从而为自主学习的开展带来便利。

不仅如此，开展第二课堂也是发展自主学习的有效方式，我们可以经常开展篮球比赛、乒乓球比赛、羽毛球比赛等活动，这样的活动很容易吸引学生的参加。而为了在比赛中有较好的表现，学生会对相应的活动进行精心的准备和大量的练习，在这个过程中不可避免地会对相关的体育知识和技巧进行学习和研究，这其实在很大程度上推动了自主学习的发展。

第二节 高校体育快乐教学模式的构建

一、概述

（一）快乐体育教学模式的概念

快乐体育教学模式主要是指深层次的心理快感或者成功感，是让学生在体育运动中体验到参与、理解、掌握以及创新运动的乐趣。在立足尊重学生主体地位的同时，注重激发学生学习的自主性和创新意识，从而形成学生终身参加体育实践的志向和习惯。

（二）快乐体育的基本要素

1. 环境优化

“硬环境”美化、协调；“软环境”（人文因素）健康、和谐。

2. 情感驱动

①教学中要引起学生快乐和成功的情感体验。

②教师应从情感教学入手，以自己对学生、对教材、对教学活动的热爱来激发学生勤奋学习。

③建立民主、合作的师生关系。

3. 协同教学

协同教学是指运用协同论的原理，在体育教学过程中重视教与学诸要素之间的参量配置协调、同步以及互补，以形成体育教学活动协同高效的运行机制，使体育教学的整体功能得以放大、增值。协同教学要求启发式的教法与创造性教法有机统一，其突出特点是在内容上强调“发现学习”、在形式上强调“学习过程自组”。

4. 增力评价

由口头的形成性评价和激励性评价组成，是一种即时的教学反馈。在具体运用时，应注意以下几点。

①形成性评价要及时准确，激励性评价要适时并保持较高的频率。

②要有效实用。

③要避免超负荷。

④要强调多项性。

5. 快乐体验

快乐体验主要指快乐的运动体验与成功体验，在教学中强调不同的体育活动所独具的乐趣。实践中应强调以下几点。

①教材要适合学生的身心特点，照顾学生的体育兴趣，满足他们的体育需要。

②“情知交融”，使学生产生强烈的学习欲望。

③加强学法指导，使学生的学习在“我要学”的基础上做到“会学”。

④强调非同步化教学，要因材施教，区别对待，力求使每个学生都有自己的学习目标和自我实现的机会。

（三）快乐体育教学模式的基本内涵

1. 注重学生在体育教学过程中的主体地位

传统的体育教学论过于强调教师的主体地位与主导作用，认为学生只是一个需要教育的客体，只能被动地接受体育教师的教育培养，这样就导致了学生主体地位的丧失，自觉性、积极性的泯灭。失去兴趣的学习，无法激发与维持学生学习的动机，也无法使学生体验到满足需要的乐趣，学生也不会进行有效的学习。快乐体育十分重视体育教学过程中学生的主体地位，在教学中充分发挥学生的内因作用，也即学生的主体作用。快乐体育理论认为，重视学生的主体地位，激发和维持学生学习的兴趣与动机是提高教学效果的有效手段。从人的发展来看，兴趣和动机是构成人的人格特征的一个重要组成部分。另外，学生从事体育学习的基础、追求目标、个性心理、学习的方式方法等均不相同，教师只有最大限度地适应学生的需要，因材施教，积极地鼓励、引导学生，才能取得良好的教学效果。

2. 建立和谐的师生关系

体育教学是双向多边、复杂的活动。体育教师掌握着教学方向、进度和内容，用自己良好的思想品德、丰富的知识、高超的运动技艺，活泼、生动的形象教育和影响学生，在教学中发挥主导作用。学生是学习的主体，其学习目的、态度、动机、积极性、身体状况、兴趣、思维能力、情绪等都直接影响教学效果。传统的体育理论认为师生之间是命令与服从、上级与下级、教与学的关系，教师神情严肃，不容置疑，学生唯唯诺诺，言听计从。快乐体育强调体育教学中师生之间、学生之间都存在着双向信息交流，建立和谐的师生关系、生生关系。

3. 追求学生个性的和谐发展

体育教学的主要目标是追求运动技能的规范，提高和增强体力，这样教育出来的儿童、少年都是成人化的：成人化动作、成人化理论、成人化思想。这在竞技体育中表现得尤为明显的是：国内少年和国外少年竞技能力相差无几，或过之，一旦再发展，国内少年的成长速度也就不如国外少年的成长速度。快乐体育认为推动学生个性的和谐发展是快乐体育思想的根本精神所在。快乐体育与学生的个性发展存在着辩证关系，一方面是学生的个性倾向性和个性发展水平在运动项目的选择以及参与运动项目的积极性和主动性上充分表现出来；另一方面快乐体育过程又能促进学生个性的和谐发展，帮助学生更深地挖掘从事体育运动项目的潜力和参与运动的乐趣。这两方面相辅相成，在增强学生体质的基础上，促进所有学生在智力、心理素质、美育和能力等方面都能得到发展。在快乐体育的思想指导下，培养学生的独立性、自主性、创造性以及热爱美、鉴赏美、表现美的情感和能力，丰富精神生活，促使学生个性的全面发展。

4. 体育教学活动本身应是快乐的有吸引力的

体育教学艺术的本质在于促进学生乐于进行体育学习，为深化旨在追求运动乐趣的体育学习，学生们自发、自主的学习活动成了一个非常重要的条件，满足学生们的运动欲求就会产生运动的乐趣。这种欲求的水平越高，越明确，其满足后获得的喜悦也就越大。因此，体育课不能是带有教师强制性的，而必须是能使学生自发、自主地享受运动中的乐趣的体育课。丰富多样、生动活泼的教学方法，新颖有趣、逻辑性强的教学内容，可以不断地引起学生新的探究活动，从而激发起学生更高水平的求知欲。

5. 进行思想品德教育和提高运动技能

体育教学不仅要育体，还要育心。社会越向前发展，对人的道德情操和适宜社会生活能力的要求也越高。体育教学可以培养学生具有一定的适应社会生活要求的个人行为和社会行为，具有符合时代精神的思想品德、文明修养、道德情操等。快乐体育在注重学生的主体地位和发展个性的同时，也要求运动技能在积极参与下的提高，培养终身体育的能力和习惯。

（四）快乐体育的实施原则

1. 教育性原则

在体育教学中渗透德育是体育教学的基本要求。快乐体育以“乐学”为支撑点对学生良好心理素质的培养是更加广泛而深刻的，包括目的、兴趣、情感、意志等全部非智力因素。

2. 趣味性原则

“授之以趣”，教师乐教，学生乐学，形成良好的教学气氛，使学生在轻松的、舒适的、快乐的环境中进行体育课，从而使学生快乐地学会动作及技术。

3. 情境性原则

将体育教学活动置于一定的情境之中，使学生贴近生活，使体育学习变得亲切、自由和愉快。

4. 激励性原则

教学中一方面要“激情”“激趣”“激志”，激发学生的主动学习精神；另一方面要“激疑”“激思”“激智”，激发学生的心智活动，达成在快乐中求发展，在发展中求快乐的目标。

5. 实效性原则

近期目标是培养学生良好的学习习惯和乐学精神，提高教学质量；远期目标是面向终身体育，发展体育素质。

二、体育游戏与快乐体育教学模式重构

（一）体育游戏的内涵

体育游戏作为一种社会现象，随着人类社会的产生和发展而不断发展。在人类社会漫长的历史中，体育游戏经历了一个由萌生、发展到不断完善的过程。体育游戏是按照一定目的和规则进行的一种有组织的，以身体练习为基本手段，以促进人的身心全面发展为目的，是体力活动和智力活动相结合、富有浓厚娱乐气息和鲜明教育意义的自主活动。由于体育游戏理论是游戏理论的一个分支理论，所以，它具有完整的有逻辑的游戏知识体系。

（二）体育游戏的特征

1. 趣味性

游戏是有趣的玩类的事情，它能使人在精神上得到某种欢娱，能满足

人们对娱乐的需求。尽管它不能直接创造物质财富，但是能吸引各种不同的对象主动参加。不管何种类型的游戏，组织参与游戏活动，首先是有趣好玩，从中得到欢乐。体育游戏也是如此，所以趣味性是体育游戏的第一大特征。如果没有趣味性，则不能称之为体育游戏，只能称之为体育练习或身体练习。

2. 教育性

体育游戏是学生的“良师”，是体育教师的“益友”。体育游戏教学能够丰富教学内容，激发学生的学习动机；培养学生的思维能力、创造能力和竞争力；提高学生的注意力，改善学生的心态；完善学生的个性，培养学生的意志品质；建立良好的师生关系；提高学生的身体素质和健康水平，使学生在德、智、体、美诸方面全面发展。体育游戏教学实施并实现了“健康第一”的指导思想，在未来的体育教学中一定会发挥更大的作用。

3. 竞争性

体育游戏大多具有以个人或集体取胜为目的的竞争性特征。通常以游戏完成的数量、质量、速度为判别胜负的依据。因此，它充分体现了游戏参与者体力、智力上的竞争特点，通过游戏活动可提高参加游戏者的身体活动能力、思维能力、应变能力、创造能力，并在游戏中培养学生团结互助的集体主义精神，使参与者在竞争中实现精神上的满足。

4. 科学性

体育游戏在组织的过程中要考虑到学生原有的知识、技能、身体素质和训练水平，根据由易到难、由浅入深、循序渐进的原则，对不同年龄和性别的学生要区别对待，科学组织，做到“因材施教”。同时，游戏过程中要密切观察学生身体状况的变化情况，科学合理地掌握学生的运动密度和运动量。

（三）基于体育游戏的快乐体育教学模式重构措施

1. 贯彻“安全”“健康”和“娱乐”三者统一的教学指导思想

“安全”问题是体育教学中最先考虑的问题，这个问题会带来严重的后果，限制体育活动的开展，而这里寻求的是在保障安全的活动环境下，学生德、智和体等方面全面发展，即“健康”成长；“健康”是体育教学的追求，而“娱乐”是配合“健康”，在这里把两者并列，主要是因为“娱乐”是“健康”不可或缺的途径。因此，只有统一三者，才能准确定位快乐体育教学的指导思想。三者合为一体才是一个良好的教学指导思想，快乐体育本身的原则就在于更“安全”、更“健康”、更“娱乐”地完成课程，三者的关系相互联系、不可分割。“安全”是课程完成的基础，学生的基本保障，其中包含了诸多基本要求，这个前提要打好。“健康”体育课的根本所在就是要提高学生的身体素质，而这需要通过锻炼方式来予以提高，从而达到健康的目的。“娱乐”就是在前两者的基础上通过娱乐身心的方式，在安全的基础上来达到活跃身心健康的目的，这也是快乐体育所带来的一种教学效果。

2. 建立以增强体质，促进人格完善为目的的教学目标

众所周知，科学合理的体育活动能使身体更加健康，随着深入的研究，人们发现学生在积极参与运动的过程中，思维变得更加活跃和敏锐，创新能力大大提高。同时，活动环境的熏陶能够加速个性社会化的形成，而学生认知能力的培养和个性社会化的形成则能促进人格的完善。社会的发展对于人才的需要越来越高，人本身的基本素质也需要提高，在基础的课程中，培养学生身体素质、健康能力是体育课的一方面。当前的社会需要及课程要求的改变，培养的是学生的能力，能力的提高体现在动手能力。体育课的转变方式就在于在基本的思想上，让学生更好地完成教学目标，快乐体育的融入把学生的思想精力带动起来，融入课堂里，使身心得到锻炼，人的身体得到锻炼，思维方式得到提高，从而达到体育课的教学目标。

3. 建立“因人而异”的教材体系和“因材施教”的教学方法

教学方式及教学方法是教学课程的基本体系，好的教学方法能帮助教师更好地完成教学，有针对性地采用好的教学方法能够更好地提高教学质量。学生由于受到诸多因素的影响，其素质表现出明显的个体差异，因此教师要根据实际情况，进行因材施教，具体在选择教学内容和方法以及制定练习的难度与要求时，表现出选择和制定上的灵活性，尽量满足个体的实际需求。人性化的教学更好地体现了快乐体育教学模式的重要性，因人而异地来进行教学。

4. 建立以教师为主导，教师与学生共同为主体的教学群体

学生虽然是学习的主体，但其所需要的体育知识、技能，仍然需要由教师来传授；其在学习中的自学积极性，需要由教师来激发和培养；学生进行自主学习、合作学习和探究学习，也离不开教师的指导；等等。然而，教师在主导的过程，也要让自己成为主体，与学生一起感受和体验，共同互动

起来，让体育教学过程中的所有成员成为一个随时随地的信息反馈系统。

5. 建立以重视情感投入为主，并培养学生自主学习和合作学习能力的教学过程

体育教学的过程不仅是体育知识、技能的传递过程，还伴随师生之间的情绪、情感交流，伴随态度和行为方式的相互作用与影响。教师根据学生的自身需求，激发其兴趣，最后变成学习动机，而学习动机能克服许多传统教学模式中学生所处的被动状态的弊端，能够培养学生学习的自主性，也能改善师生关系和生生关系，从而使其在活动过程中互相学习，共同提高，为学生提供愉快的学习经历，这也有利于营造和谐合作的学习气氛。

三、高校快乐体育教学模式的应用

（一）理论基础与实践结合

每种教学模式的创新都需要扎实的理论基础作为支撑，在不断的摸索实践中进一步完善。快乐体育教学想要实现模式创新，不仅要在教学内容、教学方式、教学评价方式等方面下足功夫，还要注意调整在实际运用中因为某些因素导致教学模式的不间断变动。结合不同的时期、不同的教师、不同的学生顺序等多方面的因素，实现灵活性、多样化的教学。

（二）情绪感染，调动学生的学习热情

在快乐体育教学过程中，教师的热身设置非常重要。在这样的过程中如果加入情绪预热，可以帮助学生在最短的时间内参与互动。由于传统的体育教学中，教师在传授运动技能或是体育课上的活动内容时，“说教”占据了相当大的部分，体育教师与学生之间侧重的是“教育”，体育教师在肢体语言运用技能上的缺失，导致情绪感染严重不足，很难调动学生的学习热情。加上难懂的各种技术动作相关术语，学生与教师交流的主动性与互动性丧失，最终导致快乐体育的教学目标难以完全实现。

（三）强调学生的主体性

快乐体育教学在实施上采用的组织形式应以学生为主体，在各个环节中体现并带动学生的主观意愿。但要杜绝盲目地以学生为先。例如，在设计掌握技能教学模式中，教师可以让学生选择自己的强项体育技能，并同步录入教学系统，然后根据学生的自身特点制定健身运动的方式。此外，还可以在目标教学中，让学生自己选择符合自身能力的学习目标。

（四）体育教学手段要丰富多元化

快乐体育教学中包括了教材内容、教学方法、教学形式以及教学评价等内容。因此，快乐体育教学模式的创新需要在这些环节中体现出来。例如，在对增强学生体能教学的过程中，可以引入我国竞技体育领域中发展较快的体能训练方法，提高核心力量训练等。抑或将拓展训练的形式与体育教学结合起来，并引入健康周期理论，做好运动技能评价等教学内容。

（五）体育游戏让学生收获快乐

大多数学生潜意识里认为体育课应以“玩”为主，因此教师就应该抓住学生这个“玩”的心理，同时结合教材来进行体育游戏练习。体育游戏具有组织形式生动活泼、内容丰富多彩、操作简单易行等特点，能够在给予学生充分的愉悦体验的同时，将体育教学的目标充分渗透进去。例如，运用“跨大步”的游戏帮助学生学习后蹬跑。游戏时学生四人为一组，动作分跳起分脚并脚的“剪刀”、两脚并拢的“石头”和两脚左右开立的“布”，按照“剪刀石头布”的规则来确定谁跑，看谁先跑到终点，学生们在欢呼声中用力跨好每一步。气氛活跃了之后，教师讲解后蹬跑的要领，学生在快乐的游戏中比较容易接受并掌握，学生学习的效率也会得到极大的提高。

（六）利用现代科技发展促使体育课程的改革

伴随着科技革命的不断深入发展，学科之间的渗透与交叉、分化与综合以及知识结构的变化，推动体育课也运用新的教学手段、组织形式、教学方法，最大限度地调动学生的积极性和主动性。快乐体育强调体育教学中应注意满足学生的动机需要，让学生愉快自主地从事体育学习与锻炼，充分发挥学生现有的能力去享受体育运动，并在运动过程中自觉积极地发展体能和提高运动技能。

（七）培养学生对体育运动的兴趣及独立锻炼的能力

遵循运动技能的形成规律，以系统传授运动技能为核心的一种体育教学活动体系，注重对技能掌握效果的评价，也称为“三段制”教学过程。在体育的教学过程中，要重视对学生体育能力的培养，使学生从体育锻炼中体验到乐趣，激发长期参加体育锻炼的欲望和兴趣，为其今后的终身体育锻炼奠定坚实的基础。

（八）努力建立融洽的师生感情

教师教授知识和实施教学活动的过程其实是一种知识传递的过程，更加是一种学生和教师交流情感的过程，任何一个科目的高效课堂教育教学都建立在教师与学生之间情感交融的基础之上。因此，在大学体育课堂中应用快乐教学法，必须建立起一种融洽的师生感情和平等的师生关系。例如，教师可以在自己的体育课堂中采取小组合作学习的教育方法，在学生进行小组讨论的过程中，体育教师所扮演的角色并不是领导者与裁决者，而是评价者、指导者以及组织者的角色，具体来说，就是要对学生进行指导，使他们能够对体育教材的知识和内容进行深入理解，并且要对学生自身所显现出来的问题和错误进行详细分析。教师不能劈头盖脸地批评学生，而是应该耐心地引导学生抛弃错误的知识和观念，接受正确的知识和内容。教师必须明确学生出现错误的原因，究竟是学习态度原因还是学习方法原因，或者是其他原因。然后，让学生实施小组合作学习以及进行交流，小组成员共同研究应该如何对学习过程中遇到的问题进行解决。

四、快乐体育教学模式的构建

（一）快乐体育掌握技能教学模式的构建

1. 理论基础

快乐体育是指学生通过参与体育活动，体验到深刻的心理快乐或成功感，从而激发学生参与体育的意识和主动性，并保持终生体育运动。

2. 构建依据

“快乐”的来源有四：一为运动技能的提高，二为明白了道理，三为充分体验运动后身体的快感，四为在活动中和同学相处的融洽。运动技能的掌握是为终身体育服务的，学习运动技能只是掌握了一种身体锻炼的形式，这种形式在某种程度提高了身体锻炼的意向，增加了参与身体锻炼的热情，丰富了身体锻炼的内容，在终身体育培养过程中起到积极作用，而运动技能并不是最终的目的。

3. 实施目标

通过本教学模式的实施，做到以运动项目为媒介，使学生认识运动、热爱运动、终身运动，成为拥有通过运动保持身体健康的意识的社会主义建设者。做到充分利用每节课的机会，让学生“从此爱上运动”。

4. 教学内容

（1）一生受用的运动技能

在终身体育指导思想下，应偏向于选择在人的一生中，容易进行，不需要过多条件的运动项目。

（2）终身体育意识的培养

有了擅长且自己爱好的运动技能，对自身身体健康的管理有了健全的认识，就要一生锻炼。以往学校体育工作较少渗透这一点，在快乐体育教学中，要给学生不断强化终身参与体育锻炼的意识。

（二）快乐体育增强体质教学模式的构建

1. 理论基础

体适能在我国高校体育教学中提及较少，却能给高校体育教学带来生机。“体适能”不仅包括人在生活中、劳动作业中、体育活动中不可或缺的走、跑、跳、投、攀、爬、滚、悬、翻等身体能力，还包括体育素质的速度、耐力、力量、灵敏和协调等，也包括适应自然环境变化的能力及预防与抵抗疾病的免疫能力等。通过体能训练手段提高学生体适能水平，并且能够掌握科学健身手段，保持终身体育锻炼习惯。

2. 构建依据

在素质教育中学校体育的最本质的目的，就是对学生进行增强体质的教育，而增强体质的教育，落实到体育教学中就是增强体质健身知识技能的教学。

体能训练能够有效提高学生身体机能。此外，体能训练相对于其他训练手段的优点还在于：它是为了提高身体某方面的机能而专门进行的训练手段，专门性强；各种手段可以灵活地搭配综合运用，综合性强；也不是一味追求运动技术已经存在很久的训练手段，创新性强；训练过程中可以自主研发各种器械的运用，趣味性强；也可最大限度地利用现有资源，诸如场地、器材等等，实现性比较强。

3. 实施目标

学生的身体素质与体育锻炼感觉具有密切的依存关系，良好的锻炼感觉有利于提高学生的身体素质，养成健身习惯。而这种身体锻炼感觉与快乐体育理论倡导的“身体运动感”“满足身体活动欲求”异曲同工。

4. 教学内容

（1）运动健身意识及相关知识

体适能内涵，理解身体力量、速度、耐力、灵敏性、协调性等基本素质内涵。运动健身意识，让学生认识到体育锻炼与生命健康的关系，认识到运动是维持生命健康的有效手段。使学生学会并善于运用所学体能健身手段管理自身生命健康。基本人体生理结构认识、日常生活活动动作机理、常见运动损伤及护理等。

（2）现代化的体能训练手段

将现代化的竞技体育体能训练方法健身化、大众化。

（3）运动处方

健身运动处方的效果应以提高柔韧性、力量、速度等素质为基础，以提高心肺功能为主，即提高身体的有氧活动能力。运动处方是以身体练习为手段（含意念性练习，或以身体练习为形、以意念练习为神的练习），为改进、完善、提高、增强身体某一部分或整体的功能而有针对性地实施的系列练习方法。

让学生掌握基本的运动处方知识，如运动内容的选择，运动时间、运动强度的拿捏等，并能够了解现代文明病预防等知识，从而学以致用。

（三）快乐体育发现问题教学模式的构建

1. 理论基础

快乐体育发现问题教学模式构建，以发现法与问题课程相关理论为切入，主张让学生自主地去发现知识，将我国课程大纲、课程标准中涉及的体育健康知识当作学生的“未知”，进而让学生去主动地探索未知，不断地探索、思考、验证过程中掌握体育健康知识。另外一个理论切入不是以往的灌输，“问题中心课程”学中的应用体现于多门课程知识的综合运用——健康教育课程，该理论在体育教学将体育教学大纲、课程标准中的内容，变成学生未知的问题，让他们围绕这个问题，综合运用所学知识解决这些问题。

2. 构建依据

在发现问题教学模式中，学生需要面对各种复杂的问题，积极寻找方法解决问题，培养自主学习和创新能力。在体育课中，发现问题教学模式能够让学生在体育运动中积极寻找问题，逐渐解决问题，以此提高学生的运动技能和竞技能力。例如，在比赛或训练中，遇到某些困难和问题时，鼓励学生自己思考和解决问题，让学生的运动技巧和配合能力得到提高。

3. 实施目标

用学生自主的发现激励学生学习的动机，是一个自我激励、自我收获、自我成长的过程，在发现、验证的过程中运动，在运动中收获自我的成功，以此体验学习经验的丰富以及运动的快乐，以此不同以往的学习过程增加对体育学习的兴趣，从而热爱体育运动。

参考文献

[1] 刘海洋，杨战广 . 基于有效教学理论的高校体育教学研究 [M]. 北京：中国商业出版社，2022.

[2] 李彦松 . 多维度视域下的高校体育教学工作研究 [M]. 长春：吉林科学技术出版社，2022.

[3] 张亚平，杨龙 . 高校体育教学理念及模式创新研究 [M]. 北京：中国商业出版社，2022.

[4] 樊文娴，马识淳 . 高校体育教学与大学生体育运动管理 [M]. 长春：吉林出版社，2022.

[5] 孙丽萍 . 新时代高校体育教学理论探索与实务研究 [M]. 长春：吉林大学出版社，2022.

[6] 李响 . 高校体育教学训练水平提升策略与实证 [M]. 北京：北京燕山出版社，2022.

[7] 魏小芳，丁鼎 . 高校体育教学管理改革与模式构建探索 [M]. 长春：吉林人民出版社，2022.

[8] 李建春 . 基于素质教育视角的高校体育教学改革与发展探索 [M]. 北京：中国书籍出版社，2022.

[9] 鹿道叶 . 高校体育教学设计与实践研究 [M]. 西安：西安交通大学出版社，2022.

[10] 刘丹 . 高校体育教学创新实践 [M]. 长春：吉林出版集团股份有限公司，2022.

[11] 朱元明 . 高校体育教学模式与创新发展研究 [M]. 长春：吉林出版集团股份有限公司，2022.

[12] 刘卫国，郝传龙 . 高校体育教学方法实践探索研究 [M]. 长春：吉林

出版集团股份有限公司，2022.

[13] 董晓雪 . 素质教育理念下高校体育教学课程体系的建设与发展研究 [M]. 北京：中国农业出版社，2022.

[14] 马超 . 高校体育教学与训练研究 [M]. 长春：吉林出版集团股份有限公司，2021.

[15] 谢宾，王新光 . 高校体育教学与运动训练研究 [M]. 长春：吉林人民出版社，2021.

[16] 于海，张宁宁 . 高校体育教学与训练实践研究 [M]. 长春：吉林人民出版社，2021.

[17] 田应娟 . 当代高校体育教学改革创新与发展 [M]. 长春：吉林人民出版社，2021.

[18] 温正义 . 高校体育教学与大学生体育实践能力培养研究 [M]. 北京：北京工业大学出版社，2021.

[19] 李进文 . 高校体育教学与体育文化融合发展研究 [M]. 北京：中国原子能出版传媒有限公司，2021.

[20] 田雪文 . 现代信息技术下高校体育教学改革的审视 [M]. 长春：吉林出版集团股份有限公司，2021.

[21] 李慧 . 高校体育教学改革与科学化训练研究 [M]. 沈阳：辽宁大学出版社，2021.

[22] 郝乌春，牛亮星 . 新时代背景下高校体育教学改革与发展研究 [M]. 北京：中国商业出版社，2021.

[23] 马顺江 . 互联网 + 教育背景下高校体育教学创新思路研究 [M]. 沈阳：辽宁大学出版社，2021.

[24] 韦雄师 . “翻转课堂”模式在高校体育教学中的实践应用 [M]. 西安：陕西人民教育出版社，2021.

[25] 刘满 . 现代高校体育健康教学理论与发展新探 [M]. 北京：北京工业大学出版社，2021.

[26] 庞博韬，张新 . 高校体育教学价值与教学模式构建 [M]. 长春：吉林出版集团股份有限公司，2021.

[27] 张建梅 . 高校体育教学与大学生体能训练 [M]. 长春：吉林科学技术

出版社，2020.

[28] 刘润，郑蓓蓓 . 现代高校体育教学改革实践与路径探索研究 [M]. 北京：北京工业大学出版社，2020.

[29] 欧枝华 . 新时期高校体育教学及其课程体系改革研究 [M]. 北京：中国纺织出版社，2020.

[30] 吴广，冯强 . 高校体育管理体制与教学改革研究 [M]. 北京：研究出版社，2020.

[31] 梁田 . 高校民族传统体育教学模式的创新性研究 [M]. 长春：吉林人民出版社，2020.

[32] 邓翠莲，李东鹏 . 高校体育教学创新研究 [M]. 北京：九州出版社，2020.

[33] 孙静 . 高校体育教学与训练研究 [M]. 北京：现代出版社，2020.

[34] 陈连华 . 现代高校体育教学及其模式创新 [M]. 西安：陕西旅游出版社，2020.

[35] 张学良 . 高校体育教学与科学锻炼研究 [M]. 开封：河南大学出版社，2020.

[36] 杜成林，回军 . 高校体育教学理论与实践发展研究 [M]. 长春：吉林大学出版社，2020.

[37] 郑瑾 . 当代高校体育教学探索 [M]. 延吉：延边大学出版社，2020.

[38] 刘景堂 . 高校体育教学改革研究 [M]. 北京：中国纺织出版社，2019.

[39] 夏越 . 现代高校体育教学研究 [M]. 北京：北京理工大学出版社，2019.

[40] 韩中 . 高校体育教学体系建设研究 [M]. 北京：北京工业大学出版社，2019.